Miriam Eberhard-Yom

USABILITY ALS ERFOLGS- FAKTOR

+ Grundregeln

+ User Centered Design

+ Umsetzung

Die Internetadressen, die in diesem Buch angegeben sind, wurden vor Drucklegung geprüft (Stand: Januar 2010). Der Verlag übernimmt keine Gewähr für die Aktualität und den Inhalt dieser Adressen und solcher, die mit ihnen verlinkt sind.

Verlagsredaktion: Annette Preuß / Andrea Dietrich-Bijjou
Layout und technische Umsetzung: Christian Jackmuth, Düsseldorf
Umschlaggestaltung: Thomas Gnahm, Weimar

Informationen über Cornelsen Fachbücher und Zusatzangebote:
www.cornelsen.de/berufskompetenz

1. Auflage

© 2010 Cornelsen Verlag Scriptor GmbH & Co. KG, Berlin

Druck: Druckhaus Thomas Müntzer, Bad Langensalza

ISBN 978-3-589-23769-2

 Inhalt gedruckt auf säurefreiem Papier aus nachhaltiger Forstwirtschaft.

INHALTSVERZEICHNIS

1 USABILITY GRUNDLAGEN

1.1 WAS IST USABILITY?

Gibt man in Google den Begriff „Usability" ein, so erhält der Leser rund 20 Mio. Einträge. Nicht ganz so viele, jedoch immer noch genügend unterschiedliche **Definitionen des Begriffs** „Usability" hat die Literatur zu bieten. Und um es vorwegzunehmen: Es gibt auch keine einvernehmliche Definition. Schon bei der Übersetzung des Begriffs vom Englischen ins Deutsche gibt es eine babylonische Vielfalt: Nutzungsfreundlichkeit, Nutzerfreundlichkeit, Benutzerfreundlichkeit, Benutzungsfreundlichkeit, Benutzbarkeit, Bedienkomfort, Gebrauchstauglichkeit etc. Jedoch hat sich in der Praxis der Begriff der (Be-)**Nutzungsfreundlichkeit** etabliert, während in Normen und Standards – angelehnt an die DIN-ISO-Norm 9241 – häufig der Begriff „Gebrauchstauglichkeit" auftaucht:

„Usability ist das Ausmaß, in dem ein Produkt durch bestimmte Benutzer in einem bestimmten Nutzungskontext genutzt werden kann, um bestimmte Ziele effektiv, effizient und zufrieden stellend zu erreichen."
(ISO 9241-11)

Orientieren wir uns an dieser Arbeitsdefinition, dann stellen wir fest, dass hier zwei Annahmen gemacht werden:

1   Ob eine Anwendung eine hohe Usability hat, ist immer aus der **speziellen Sichtweise der Zielgruppe** zu beurteilen, bzw. prägnanter ausgedrückt: „Der Nutzer hat immer Recht." – Nicht die Meinung der Programmierer oder Designer ist entscheidend, sondern der Nutzer muss die Handlungslogik der Produktsuche oder der Navigation in einem Online-Shop verstehen. Design und Funktionalität müssen sich an den Bedürfnissen und Erwartungen der Nutzer orientieren. Dies ist auch die Grundidee des sog. **User Centered Design,** das in Kapitel 5 ausführlich dargestellt wird.

2   Der klassische (aus der Software-Ergonomie stammende) Usability-Begriff geht immer von einer **zielorientierten** Nutzung der Anwendung aus. Es wird angenommen, dass beispielsweise das Auffinden von Informationen zu einem bestimmten Produkt und die erfolgreiche Bestellung das primäre Anliegen eines Besuchers in einem Online-Shop ist. Diese Sichtweise spie-

gelt sich darin wider, dass bei jedem **Usability-Test** Szenarien definiert werden, d.h. typische Aufgaben und damit Zielvorgaben, die der Proband während des Tests zu lösen hat. Es wird beobachtet, ob und in welcher Zeit und mit welchen Problemen der Proband das definierte Produkt aufgefunden hat und in den Warenkorb legen konnte. Kriterien wie Effektivität (Produkt gefunden ja/nein) und Effizienz (in welcher Zeit, mit wie vielen Fehlern/Problemen) werden auf diese Weise messbar gemacht.

Die Usability liegt nach diesem Verständnis also dann vor, wenn Nutzer erfolgreich (Effektivität) und schnell (Effizienz) ihre individuellen Ziele erreichen und diese Nutzung subjektiv befriedigend erleben.

In der Definition wird ganz allgemein vom „Produkt" gesprochen. Usability kann sich auf jede Ausprägung der Mensch-Maschine-Interaktion beziehen: Das digitale Interface der Waschmaschine (GUI-Usability; GUI für Graphical Use Interface), das Display eines PDA oder Handys (Mobile Usability), PC-Computer-Software wie Buchhaltungsprogramme oder Spiele ebenso wie die Bedienschnittstelle einer industriellen Papierschneideanlage (Software-Usability) und letztendlich Websites und Online-Shops (Web-Usability).

Die Ausführungen zu den **Usability-Grundregeln** (Kapitel 2) sowie die **Usability-Methoden** (Kapitel 5) sind in großen Teilen auf die Gestaltung von Mensch-Maschine-Schnittstellen allgemein anzuwenden. Jedoch liegt der Schwerpunkt dieses Buchs auf den Erkenntnissen zur Gestaltung von **Online-Shops** und **Websites**.

1.2 USER EXPERIENCE – DIE BEDÜRFNIS-PYRAMIDE DES NUTZERS

JOY OF USE

Gerade im Internet ist eine Vielzahl von Anwendungen denkbar, die sich dem genannten Effektivität-Effizienz-Zufriedenheits-Paradigma schwer unterordnen lassen:

Ein Online-Shop für Damenmode will „inspirieren", die Website von Coca-Cola möchte seine emotionalen Markenwerte transportiert wissen, ein Mobilfunkbetreiber möchte aus der Auswahl des Handys ein „Erlebnis" machen etc.

Damit interaktive Anwendungen wie Online-Shops und Websites erfolgreich sind und sich vom Wettbewerber abheben, müssen sie nicht nur funktionieren, sie müssen auch Spaß machen. Der **Joy of Use** (Nutzerspaß,

Freude an der Benutzung) ist eine Erweiterung des traditionellen Usability-Verständnisses und legt seinen Fokus auf die wahrgenommene Ästhetik und die erzeugten Emotionen während der Nutzung. Emotionales Design und Inszenierung von Inhalten und Produkten sollen zur **intensiveren und wiederholten Nutzung** der Anwendung motivieren.

> Das Verhältnis zwischen Usability und Joy of Use lässt sich mit „Pflicht" und „Kür" charakterisieren. Ein guter Bedienkomfort ist notwendige Voraussetzung dafür, dass Freude an der Benutzung aufkommen kann. Neben einer guten Usability sollte eine Anwendung zusätzlich eine hohe Utility und Accessibility aufweisen.

UTILITY

Utility kann mit „Nutzwert" oder auch „Nützlichkeit" übersetzt werden und bezieht sich darauf, inwieweit eine Anwendung sämtliche Funktionalitäten und Inhalte bereitstellt, die zur **Erreichung der Nutzungsziele** erforderlich sind. Utility bezieht sich auf das „Was" (soll angeboten werden), während Usability sich auf das „Wie" fokussiert. Eine Frage der Utility ist es, ob der Shop eine nachträgliche Filterung von Produktsuchergebnissen anbieten soll und welche Filterkriterien (Preis, Farbe, Marken etc.) offeriert werden. Wie diese Filter gestaltet sein sollen (ob rechts oder oben, als Pulldown oder Liste etc.), betrifft wieder die Usability des Shops. Die **Erwartungen und Anforderungen** der Nutzer spielen bei der Utility also eine entscheidende Rolle: Welche Funktionen und Services „muss" und welche „kann" man anbieten? Auf welche kann verzichtet werden und mit welchen kann man Begeisterung auslösen? Die Beantwortung solcher Fragen kann beispielsweise über eine **Kano-Analyse** (vgl. Kapitel 5.4.2) erfolgen.

ACCESSIBILITY

Accessibility oder Barrierefreiheit hat zum Ziel, Informationen oder Technologie für jeden Benutzer zugänglich zu machen, unabhängig von technischen und/oder körperlichen Einschränkungen. Die von der Web Accessibility Initiative (WAI) formulierten Guidelines zur **Programmierung von barrierefreien Websites** sollen möglichst vielen Menschen die Inhalte des WWW zugänglich machen. Körperbehinderten Nutzern, älteren Menschen, Migranten, aber auch Nutzern mit Handys und PDAs soll der Zugang zu Web-Informationen uneingeschränkt ermöglicht werden. Für die Umsetzung einer Website bedeutet Barrierefreiheit, dass alle Formate außer HTML oder Text **problematisch** sind. Dazu zählen JavaScript, Java, Flash, Videos und Sounds (inklusive Podcasts), aber auch Bilder und Grafiken. Damit wird das Spannungsfeld zwischen Accessibility, Usability und Joy of Use in der programmiertechnischen Umsetzung deutlich. Zwar können javascript-basierte Dropdown-Menüs die Usability eines Shops erhöhen und ein flash-basierter Handy-Finder das Aussuchen eines neuen Handys zum Erlebnis machen, beides ist jedoch nicht barrierefrei im engeren Sinne.

➜ Mehr Information: Hellbusch, J.: Barrierefreies Webdesign, dpunkt 2005.

USER EXPERIENCE

Das gerade beschriebene Spannungsfeld bezieht sich auf die programmier-technische Umsetzung. Für den Nutzer repräsentieren Accessibility, Utility, Usability und Joy of Use lediglich **unterschiedliche Bedürfnisqualitäten,** die die Anwendung zu befriedigen hat. Die Bedürfnisbefriedigung aller dieser Qualitäten erzeugt ein ganzheitliches Nutzungserlebnis bzw. die sog. **User Experience** (häufig auch mit UX abgekürzt).

> **So ist die grundsätzliche Zugänglichkeit der Informationen eine absolute Basisvoraussetzung. Nur eine Anwendung, deren Inhalte und Funktionen vollständig und fehlerfrei angezeigt werden, ist auch nutzbar.**

Wenn diese Nutzen stiftet sowie einen hohen Bedienkomfort aufweist und dann auch noch die Inhalte und Funktionen in einer emotional ansprechenden und attraktiven Weise präsentiert werden, dann hat der Nutzer ein **positives ganzheitliches Nutzungserlebnis.**

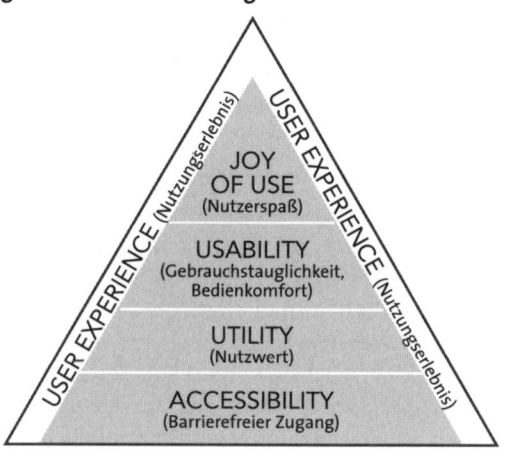

Abb. 1.1: User Experience – Die Bedürfnispyramide des Nutzers

Prominentes Beispiel für ein Produkt mit einer guten User Experience ist das iPhone. In einem wettbewerbsintensiven Markt mit technisch ausgereiften und weitestgehend homogenen Produkten gelingt es Apple, mit ansprechendem grafischen Design und intuitiv nutzbaren Multitouch-Oberflächen die Nutzer zu begeistern. Die technischen Kernfunktionalitäten wie telefonieren und SMS schreiben sind mehr oder minder unverändert geblieben – einziger Unterschied: Es macht den Nutzern offensichtlich einfach mehr „Spaß", ihr Handy zu nutzen. Das große Angebot der iPhone Apps (Zusatzprogramme) fördert den spielerischen Umgang mit dem Gerät und trägt zusätzlich zu einer positiven User Experience bei.

1.3 USABILITY ALS STRATEGISCHER ERFOLGSFAKTOR

Warum ist es für eine Website so wichtig, sich mit der Usability auseinanderzusetzen? Jacob Nielsen (2000) hat es für Online-Shops auf den Punkt gebracht: „Usability rules the Web. Simply stated, if the customer can´t find a product, then he or she will not buy it." („Usability regiert im Web. Wenn ein Kunde ein Produkt nicht finden kann, wird er oder sie es nicht kaufen.") Oder um es anders auszudrücken: Die Optimierung der Usability ist ein wichtiges Instrument, um die **Conversion-Rate (Konversionsrate, Wandlungsquote)** des Shops zu verbessern.

Bei der Conversion-Rate geht es darum, in welchem Ausmaß es dem Shop gelingt, aus Besuchern Käufer zu generieren: Eine Wandlungsquote von fünf Prozent bedeutet, dass von 100 Besuchern fünf Besucher tatsächlich etwas im Shop kaufen.

$$\text{KONVERSIONSRATE} = \frac{\text{KÄUFE}}{\text{BESUCHER}}$$

Die Conversion-Rate wird damit zu einem wichtigen Indikator für die **wirtschaftliche Effizienz** eines Shops. Denn jeder Besucher ist mittels werblicher und damit Kosten verursachender Maßnahmen auf das Angebot aufmerksam gemacht geworden (vgl. Abb. 1.2):

- **Search Engine Marketing (SEM)**
  Umfasst die Teildisziplinen Search Engine Optimization (SEO) und Search Engine Advertising/Keyword Advertising (SEA):

■ **SEO (Search Engine Optimization)**
Bezieht sich vornehmlich auf programmiertechnische Maßnahmen, die zu einer Verbesserung der Suchmaschinenergebnisse im Natural Listing (oder „organisches Listing") führen. Das **Natural Listing** ist die Liste von Webseiten, die eine Suchmaschine als Treffer einer Suchanfrage ausgibt. Zielsetzung eines jeden Site-Betreibers ist es, zu den thematisch wichtigen Suchbegriffen auf den ersten Suchergebnisseiten zu erscheinen.

■ **SEA (Search Engine Advertising/Keyword Advertising)**
Die Platzierung auf der ersten Seite der Trefferliste kann auch erkauft werden. Populäres Beispiel hierfür sind die Google AdWords. Der Site-Betreiber definiert, bei welchen Suchbegriffen (Keywords) welcher Anzeigentext im rechten bzw. oberen Bereich der Google Suchergebnisseite erscheinen soll und wie viel er bereit ist, pro Klick auf die Anzeige zu bezahlen (**Cost-per-Click**-Preismodell).

■ **Affiliate-Programme (Partnerprogramme)**
Ein Online-Shop stellt Vertriebspartnern seine Werbemittel zur Verfügung, die diese auf ihrer eigenen Website einbinden. Klickt ein Besucher auf dieses Werbemittel (sog. Affiliate-Link), so kann der Online-Shop genau identifizieren, von welchem Vertriebspartner der Kunde weitergeleitet wurde. Dieser erhält dann eine Vermittlungsprovision, die auf dem reinem Klick (**Cost-per-Click**), einer Kontaktaufnahme (**Cost-per-Lead**) oder einem getätigten Kauf (**Cost-per-Sale**) basieren kann. Beispielsweise betreibt Amazon ein weit verbreitetes Affiliate-Programm.

■ **Online-Werbung (Banner, Pop-ups, etc.)**
Im Gegensatz zu Affiliate-Programmen oder SEA-Kampagnen werden Banner, Pop-ups & Co. in der Regel auf Basis von **Tausender-Kontakt-Preisen** (TKP) abgerechnet. Das heißt, es sind beispielsweise 15 Euro zu bezahlen, wenn 1.000 Mal der Banner auf der Startseite eingeblendet wurde, unabhängig von der Anzahl der Klicks auf das Werbemittel.

■ **Klassische Werbung** (Print-, TV-, Hörfunk-, Plakatwerbung)

■ **Newsletter-Werbung** im eigenen Kundenverteiler und/oder Werbeschaltung bei Drittanbietern.

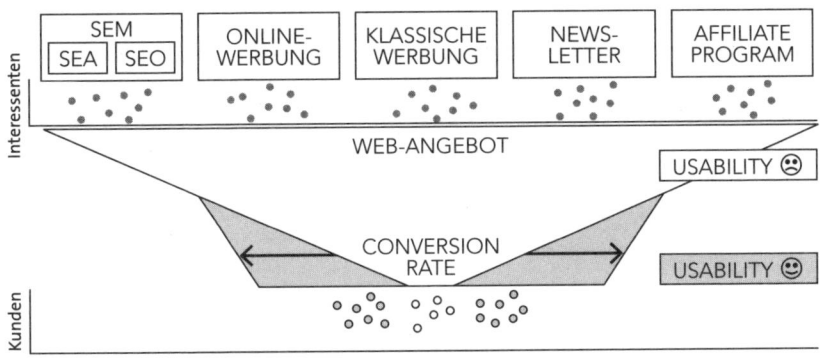

Abb. 1.2: Usability-Optimierung = Conversion-Rate-Optimierung

Alle diese Marketing-Maßnahmen dienen der **Steigerung der Besucheranzahl** auf dem Angebot und es liegt auf der Hand, dass möglichst viele dieser kostspieligen Besucher auch etwas kaufen sollten, damit Mehrumsatz erwirtschaftet wird und sich die Marketing-Maßnahmen auch „gelohnt" haben. Die Usability des Angebots zu optimieren, ist ein wirkungsvolles Instrument, um genau diese Wandlung vom Neu-Besucher zum Kunden zu verbessern **(Conversion-Rate-Optimierung)**. Gerade beim Erstkauf muss der Nutzer auf die Seriosität und Professionalität des Anbieters vertrauen können. In Studien hat sich gezeigt, dass die nutzungsfreundliche Gestaltung der Shop-Schnittstelle einen positiven Einfluss auf den Vertrauensbildungsprozess beim Erstkauf hat (vgl. Egger 2001) und die wahrgenommene Glaubwürdigkeit des Online-Shops erhöht (vgl. Fogg et al. 2001).

Machen wir uns den wirtschaftlichen Hebel einer Conversion-Rate-Optimierung einmal an einem konkreten Beispiel deutlich: Nehmen wir einmal an, dass ein Besucher auf unserem Online-Shop im Durchschnitt drei Euro gekostet hat und wir durch diese Marketing-Maßnahmen im Monat 10.000 Neu-Besucher auf der Website haben. Die Conversion-Rate bei den Neu-Besuchern liegt bei drei Prozent, d.h. 300 neuen Kunden, die beim ersten Mal im Durchschnitt für 50 Euro bestellen. Es ergibt sich ein Mehrumsatz von 15.000 Euro (300 Kunden x 50 Euro). Es wurde also mehr Umsatz gemacht, aber hat es sich auch wirklich gelohnt? Der Marketingeinsatz zur Gewinnung der 300 neuen Kunden lag bei 30.000 Euro, d.h., jeder gewonnene Kunde hat faktisch 100 Euro gekostet. Nehmen wir einen Deckungsbeitrag von 50 % an, dann haben wir tatsächlich an jedem Neukunden 25 Euro verdient. Wenn man voraussetzt, dass der durchschnittliche Bestellwert pro Kunde unverändert bleibt, dann muss der Kunde noch dreimal bestellen, damit die Kosten der Kundengewinnung eingespielt sind.
Wie verändert sich die Rechnung, wenn es uns durch Usability-Optimierung gelingt, die Conversion-Rate von drei Prozent auf sechs Prozent zu verbessern? Aus den 10.000 Be-

suchern generieren wir 600 (statt nur 300 Neukunden), die wieder durchschnittlich für 50 Euro bestellen. Durch die Verbesserung der Conversion-Rate hat der Shop-Betreiber nicht nur deutlich mehr Umsatz gemacht (30.000 Euro statt nur 15.000 Euro), sondern auch die Kosten pro Neukunde sind drastisch von 100 Euro auf 50 Euro gesunken, sodass bereits ab der zweiten Bestellung die Akquisitionskosten eingespielt sind.

Die Effekte der unterschiedlichen Conversion-Rates sind in der folgenden Übersicht zusammengefasst:

	3 % CONVER-SION-RATE	6 % CONVER-SION-RATE
Marketing-Kosten (Annahme: 3 Euro/ Neu-Besucher, 10.000 Neu-Besucher/Monat)	30.000 Euro	30.000 Euro
Neukunden (Annahme: 10.000 Neu-Besucher/Monat)	300	600
Kosten pro Neukunde	100 Euro	50 Euro
Zusätzlicher Umsatz absolut (Annahme: ⌀ 50 Euro)	15.000 Euro	30.000 Euro
Zusätzlicher Deckungs-beitrag absolut (Annahme: 50 % Deckungsbeitrag)	7.500 Euro	15.000 Euro

→ Mehr Informationen zum Thema: Fischer, M.: Website Boosting 2.0, Mitp-Verlag 2008

Aber auch für die **langfristige Kundenbindung** ist die Usability von Bedeutung. In Längsschnittstudien wurde beispielsweise deutlich, dass Kunden den Shops treu bleiben, deren Nutzung sie als einfach und vertraut wahrnehmen (vgl. Johnson et al. 2000).

Eine mangelnde Usability hat direkt **messbare Effekte auf die Kosten**, wie beispielsweise über eine steigende Zahl von Kundenanrufen im Call-Center oder Mail-Anfragen beim Kundenservice. Auch ist an nicht direkt messbare negative Effekte wie schlechte Mundpropaganda oder **negative**

Image-Effekte zu denken. Diese Wirkungen sind insbesondere für Websites von Interesse, die nicht verkaufen, sondern informieren wollen (Unternehmenspräsenzseiten, Informationsportale etc.).

1.4 ZUSAMMENFASSUNG

Der klassische, aus der Software-Ergonomie stammende Usability-Begriff geht davon aus, dass 1. die Usability einer Anwendung immer aus Sicht der Zielgruppe zu beurteilen ist und 2. eine zielorientierte Nutzung vorliegt. Eine hohe Usability liegt also dann vor, wenn Nutzer erfolgreich (Effektivität) und schnell (Effizienz) ihre individuellen Ziele erreichen und diese Nutzung subjektiv befriedigend (Zufriedenheit) erleben. Gerade im Internet ist jedoch eine Vielzahl von Anwendungen denkbar, die sich diesem Effektivität-Effizienz-Zufriedenheits-Paradigma nur unzureichend unterordnen lassen. Es zeigt sich, dass Usability ein Baustein für ein positives, ganzheitliches Nutzungserlebnis (User Experience) ist. Joy of Use (Nutzerspaß), Utility (Nutzwert) und Accessibility (Barrierefreiheit) sind ebenfalls Bedürfnisqualitäten, die die Anwendung zu befriedigen hat.

Usability ist ein strategischer Erfolgsfaktor, der die Rentabilität insbesondere von transaktionsorientierten Websites wie Online-Shops stark beeinflussen kann. Eine verbesserte Usability wirkt sich in einer höheren Conversion-Rate aus. Hierdurch sinken die Kosten pro Neukunde, sodass schneller ein rentables Wachstum erzielt werden kann.

2 USABILITY-GRUND-REGELN VERSTEHEN

2.1 DER NUTZER IST KÖNIG

In Kapitel 1 haben wir erfahren, dass die Usability einer Anwendung immer aus Sicht der Zielgruppe zu beurteilen ist: Das Design muss sich an den Anforderungen und Erwartungen der Nutzer orientieren. Dies setzt voraus, dass **umfassende Kenntnisse über die Zielgruppe** vorliegen:

- Wer nutzt die Anwendung,
- in welchen Situationen,
- aus welchen Gründen und mit welchen Zielsetzungen und
- mit welchen Erwartungen und Anforderungen?

Um diese Fragen zu beantworten, sind eine Reihe von Datenerhebungsmethoden und Ansätzen entwickelt worden (z.B. **Nutzerstrukturanalysen, Personas**), die in Kapitel 5.4.1 ausführlich besprochen werden. Man kann nur immer wieder betonen: Die Kenntnis über die Nutzer ist das **Fundament,** um eine Anwendung mit guter Usability zu entwickeln. Hinterfragen Sie also kritisch die Datenbasis, auf der Ihre Vorstellung von der Zielgruppe beruht:

Liegen überhaupt Daten vor oder basiert Ihr Zielgruppenbild nur auf Annahmen? „Wir kennen unsere Zielgruppe. Wir brauchen keine Studie!" In meiner zehnjährigen Beratertätigkeit habe ich diesen Satz schon häufig gehört. Und immer wieder waren die Ergebnisse für Kunden doch überraschend. Denn häufig durchmischen sich **tatsächliches Wissen und Vorstellungen** über die Soll-Zielgruppe miteinander. Das Selbstverständnis vom eigenen Unternehmen („Wir sind eine operative Stiftung und vergeben keine Stipendien an Studenten") färbt auf das Zielgruppen-Bild ab und wird im Laufe der Zeit zu einem Faktum („Wir haben keine Studenten auf unserer Website"). Ob dieses unternehmensinterne Selbstbild mit dem Fremdbild der Nutzer tatsächlich übereinstimmt, ist jedoch eine Frage, die nur empirisch geklärt werden kann.

Wenn Daten über die Zielgruppe vorliegen: Sind die Daten noch aktuell? Woher stammen sie? Wir repräsentativ sind sie? Wie umfassend sind sie?

Hüten Sie sich vor unzulässigen Erkenntnistransfers: „Wir haben letztes Jahr eine Marktforschung bei unseren Katalogkunden gemacht, da haben wir dann auch einige Fragen zum Thema Shopnutzung gestellt." Sowohl die soziodemografische Struktur als auch die Motiv- und Anforderungsstruktur kann sich abhängig vom Medium (hier Katalog vs. online) sehr stark unterscheiden. Das bedeutet, dass der Aussagegehalt gering und eine Repräsentativität in der Regel nicht gegeben ist.

Die Kenntnisse über die Nutzer sind auch eine wichtige Voraussetzung dafür, dass eine Vielzahl von nutzerbasierten Studien überhaupt durchgeführt werden kann. Gerade bei den sog. qualitativen Ansätzen (vgl. Kapitel 5.1.2), bei denen mit **kleinen Stichproben** von manchmal nur acht Personen gearbeitet wird, hängt die Güte der Ergebnisse stark davon ab, ob die eingeladenen Personen tatsächlich die Nutzer der Anwendung in ihrer Bandbreite widerspiegeln.

Zum Schluss noch eine kurze Anmerkung, um Missverständnisse zu vermeiden: Wenn es heißt, „Der Nutzer hat immer Recht", dann bedeutet dies, dass alle durch die Testpersonen **identifizierten Probleme** relevant sind und ernst genommen werden sollten. Es bedeutet jedoch **nicht,** dass **alle Verbesserungsvorschläge** der Testpersonen (z.B. eines Usability-Tests) umgesetzt werden müssen. Nutzer haben i.d.R. weder das notwendige Wissen noch den Gesamtüberblick über Interaktionszusammenhänge, um direkt umsetzbare Verbesserungsvorschläge machen zu können. Und sie sind Ausdruck einer ganz individuellen Sichtweise des Problems und seiner Lösung, die von anderen Zielgruppen ganz anders gesehen werden können.

Nutzerbasierte Verbesserungsvorschläge können deshalb nur Anregungen geben, in welche Richtung es gehen könnte, jedoch sollten Lösungsvorschläge immer von qualifizierten Usability-Experten erarbeitet werden.

2.2 WAHRNEHMUNGS- UND GESTALT- PSYCHOLOGISCHE GRUND- REGELN UND IHRE WIRKUNG AUF DAS SCREENDESIGN

2.2.1 INFORMATIONSAUFNAHME – INFORMATIONS- VERARBEITUNG – HANDELN

Wenn wir auf einen Button oder Link auf der Startseite eines Online-Shops klicken, dann ist dieses Handeln das **Ende eines langen Prozesses:** Zunächst mussten wir die Bilder, Texte, Links, Navigationselemente etc. wahrnehmen. Unser Gehirn verarbeitet dann die Informationen, d.h., die Daten werden mehr oder minder bewusst in unseren neuronalen Arbeitsspeicher weitergeleitet und hier gruppiert, strukturiert, interpretiert und als relevant oder nicht relevant bewertet. Die als nicht relevant bewerteten Informationen werden blitzschnell ausgeblendet und nicht weiter betrachtet. Zum Schluss entscheiden wir uns dann für den Link, der uns den größten Erfolg bei der Erfüllung unseres Surfziels (z.B. eine neue Gartenliege kaufen) verspricht.

Um also zu verstehen, **warum** Besucher des Webangebots bestimmte Angebote und Links anklicken bzw. zu unserer Enttäuschung auch nicht anklicken, muss man sich also den vorgelagerten Informationsaufnahme- und -verarbeitungsvorgängen widmen.

2.2.2 DIE INFORMATIONSAUFNAHME: WAHRNEHMUNG IST KEIN FOTOGRAFISCHER VORGANG

Wie funktioniert nun die Informationsaufnahme? Zunächst einmal muss man sich von der Vorstellung lösen, dass wir unsere Welt wie eine Fotokamera detailgetreu und vollständig erfassen. Wahrnehmung ist vielmehr ein **aktiver und selektiver Vorgang.** Dazu muss man wissen, dass wir ein peripheres und ein zentrales Gesichtsfeld (vgl. Abb. 2.1) haben.

PERIPHERES UND ZENTRALES GESICHTSFELD

Das **periphere Gesichtsfeld** hat einen weiten Radius und dient vor allem dazu, Orientierungsreflexe auf Bewegungen und Veränderungen in der Umwelt auszulösen. Es ist nicht in der Lage, Detailinformationen wahrzunehmen. Evolutionsbiologisch betrachtet eine sehr sinnvolle Einrichtung. Als wir uns noch durch die Steppe auf der Suche nach Beeren und Mammuts bewegten, bedeutete Bewegung „etwas zu essen" oder „etwas, was uns fressen könnte". Es geht also um eine möglichst umfassende, jedoch nicht detailgetreue Informationsaufnahme, die vor allem **reizgesteuert und reflexhaft** abläuft.

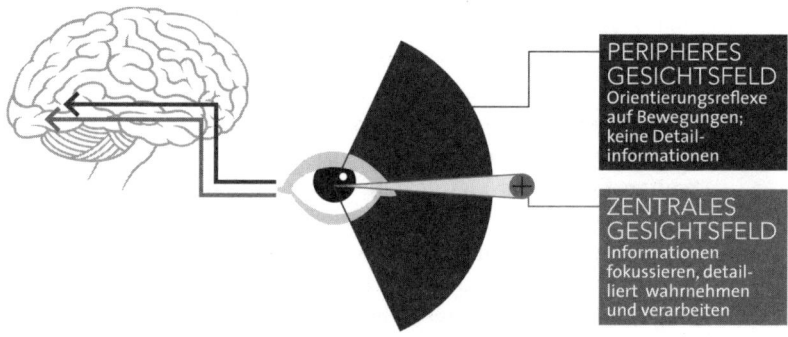

Abb. 2.1: Peripheres und zentrales Gesichtsfeld (Quelle: www.kommdesign.de)

Das **zentrale Gesichtsfeld** hingegen ist für die Wahrnehmung von Detailinformationen zuständig und leitet diese Informationen zur bewussten Informationsverarbeitung weiter. Der Radius ist relativ klein: Wenn man vor dem PC-Monitor sitzt, ist der Bereich, in dem wir wirklich scharf sehen, etwa so groß wie eine 1-Euro-Münze. Nur was in diese kleine Zone mit der höchsten Sehschärfe gelangt, hat eine Chance darauf, bewusst wahrgenommen zu werden. Was außerhalb dieses Bereichs liegt, fällt in den Zuständigkeitsbereich des peripheren Gesichtsfelds.

Stellen Sie sich einfach vor, Sie laufen mit einer Taschenlampe durch eine dunkle Straße. Nur was von dem Lichtkegel erfasst wird, können Sie auch sehen, alles andere bleibt im Dunkeln.

Diese visuellen Kontaktpunkte des zentralen Gesichtsfelds mit Elementen der Website nennt man **Fixationspunkte** und können mittels **Eyetracking** (vgl. Kapitel 5.10) gemessen und visualisiert werden. In Abbildung 2.2 zeigt jeder der schwarzen Punkte eine solche Fixation an, die erste Ziffer gibt die Reihenfolge an, die zweite Ziffer die Dauer der Fixation in Sekunden.

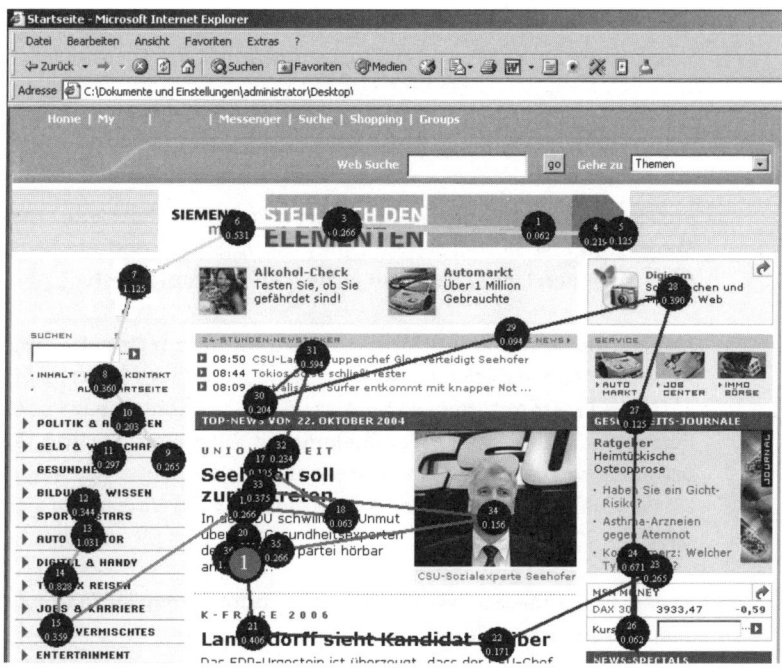

Abb. 2.2: Fixationen auf einem Informationsportal

17

KONSEQUENZEN FÜR DAS DESIGN

Welche Konsequenzen ergeben sich daraus für das Webdesign? Zum einen die Erkenntnis, dass der Nutzer **nicht alle Informationen auf einer Webseite wahrnimmt.** Um das Bild mit der Taschenlampe einmal fortzuführen: Bestimmte Bereiche der Seite bleiben im Dunkeln, weil sie überhaupt nicht vom Lichtkegel erfasst werden. Das kann man sehr gut in Abbildung 2.2 sehen: Der gesamte obere graue Bereich erhält keine einzige Fixation. Es ist nachvollziehbar: Was nicht wahrgenommen wird, kann auch nicht verarbeitet, kann auch nicht geklickt werden. Man kann in der Abbildung aber auch deutlich anhand der Ansammlung von Fixationspunkten erkennen, worauf der Nutzer schließlich seine Aufmerksamkeit konzentriert hat – nämlich auf den ersten Nachrichten-Teaser der Top-News.

Wenn Informationen um die Aufmerksamkeit des Nutzers **konkurrieren,** dann stellt sich die Frage: Wovon hängt es ab, ob ein Bild, Text, Link, Produkt etc. in den hellen Lichtschein des zentralen Gesichtsfelds gerät? Kann man das Ganze sogar gezielt steuern? Um die Antwort vorwegzunehmen: Ja, man kann. Wir sprechen vom visuellen Guiding. Um die Frage im Detail zu beantworten, noch einmal ein kurzer Ausflug in die Theorie.

REIZGESTEUERTE UND AUFMERKSAMKEITS-GESTEUERTE INFORMATIONSAUFNAHME

Stellen wir uns einmal vor, ein Nutzer besucht die Startseite eines Online-Shops zum ersten Mal. Seinen Seitenaufenthalt (Aufruf der Seite bis zum Klick auf einen Link) kann man in zwei Phasen aufteilen (vgl. Abb. 2.3):

Phase 1: Reizgesteuerte Informationsaufnahme zur Orientierung
In den ersten Sekunden seines Besuchs muss sich der Nutzer zunächst orientieren. Er „scannt" mit seinen Augen die Seite von oben bis unten ab. Die Fixationen auf einzelne Seitenelemente sind eher flüchtig. **Reizstarke Seitenelemente** wie Bilder und Headlines sind in dieser Phase der Informationsaufnahme im Vorteil, sie ziehen den Blick des Nutzers auf sich (**Eyecatcher**).

Phase 2: Aufmerksamkeitsgesteuerte Informationsaufnahme zur Entscheidungsvorbereitung
Im weiteren Verlauf des Seitenbesuchs wird die Informationsaufnahme **selektiver.** Der Nutzer fängt an, seine Aufmerksamkeit auf die Seitenelemen-

te zu fokussieren, die ihm für die Erreichung seines Ziels Erfolg verspre-
chend erscheinen. Die **Aufmerksamkeitsfokussierung** wirkt wie ein Filter:
Informationen, die als nicht relevant bewertet wurden, werden regelrecht
ausgeblendet. Ein großes, emotionalisierendes Bild, das zuvor in der Orientierungsphase seine Blicke auf sich gezogen hat, ist jetzt uninteressant. Der
Nutzer betrachtet in dieser Phase vor allem Elemente, die der **Navigation**
dienen, wie Linklisten, Suchhilfen und Navigationsleisten, oder eine **hohe
Informationsdichte** haben, wie z. B. Textpassagen.

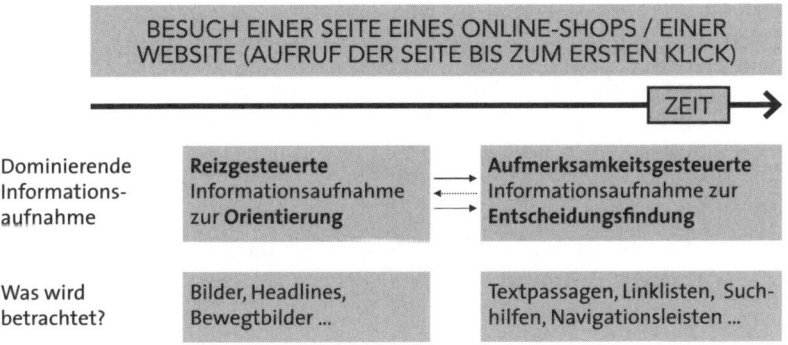

Abb. 2.3: *Reizgesteuerte und aufmerksamkeitsgesteuerte Informationsaufnahme*

Wie kann man dieses Wissen über die beiden Phasen der Informationsaufnahme dazu nutzen, Nutzer visuell durch eine Seite (in unserem Beispiel
die Startseite) zu führen?

2.2.3   VISUELLES GUIDING IN DER ORIENTIERUNGS-
PHASE

Wir wissen, dass die Informationsaufnahme in der Orientierungsphase
reizgesteuert abläuft: **Große, bilddominante, laute und bewegte Elemente**
haben demzufolge eine hohe visuelle Kontaktwahrscheinlichkeit. Sollte
man also viele **Animationen** auf der Seite verwenden, um die Kontaktwahrscheinlichkeit mit bestimmten Seitenelementen zu erhöhen?

**Bewegung und Veränderung sind sehr reizstarke Gestaltungsmittel,
allein schon deshalb, weil sie reflexartig auch dann wahrgenommen
werden, wenn sie nur im peripheren Gesichtsfeld liegen.**

So gehört ein animierter Börsenticker auf der Startseite mit Sicherheit zu den Eyecatchern. Ist der Ticker ein sehr wichtiges Seitenelement (weil wir uns z. B. auf der Website eines Online-Brokers befinden), dann ist die Animation als **Instrument zur Aufmerksamkeitssteuerung** gerechtfertigt. Ein animierter Ticker auf der Startseite eines Automobilherstellers wäre schon eher zu hinterfragen. Denn hier gibt es mit Sicherheit wichtigere Inhalte (wie z. B. das neueste Modell), auf die der Nutzer aufmerksam gemacht werden sollte. Ein Eyecatcher kann also schnell zu einem „Vampir" werden, der die Aufmerksamkeit in die falsche Richtung lenkt.

In der **Orientierungsphase** werden die Informationen nur sehr oberflächlich, blitzschnell beurteilt. Aus diesem Grund laufen animierte Bildelemente Gefahr, vom Nutzer sofort der Kategorie „Werbung = unwichtig" zugeordnet zu werden. Banner-ähnliche Formate des Bildelements können diesen Effekt noch verstärken.

Beim Einsatz von Animationen ist ebenfalls zu bedenken, dass diese die Informationsverarbeitung und -speicherung grundsätzlich stören, da sie permanent **Aufmerksamkeitsressourcen abziehen,** auch wenn wir das nicht bewusst bemerken. Das gilt besonders für hochfrequente Animationen bzw. asynchron blinkende Elemente, wenn sich mehrere Animationen auf einer Seite befinden. Dieser negative Effekt kann gemildert werden, wenn Animationen mit Ende oder mit langen zeitlichen Intervallen zwischen den Animationen eingesetzt werden.

Zusammenfassend kann man zum Thema Animationen also sagen:
- Setzen Sie Animationen **gezielt** und **sparsam** ein. Wenn Sie gar nicht auf Animationen verzichten wollen, animieren Sie nur Elemente, deren Wahrnehmung auf jeden Fall gewährleistet sein muss.
- Bei der Animation von Bildelementen sollten Sie die **Verwechslungsgefahr mit Werbung** reduzieren (Banner-Formate meiden!).
- Bei mehreren Animationen auf einer Seite ist ein **regelmäßiges, synchrones Blinken** besser als ein unregelmäßiges, asynchrones Blinken.
- Animationen mit Ende oder sehr langen **zeitlichen Intervallen** zwischen den Animationen sind besser als hochfrequente Endlos-Animationen.

Bilder sind doch reizstärker als Texte. Kann man nicht mithilfe von Bildern den Blickverlauf steuern?

Beim Einsatz von Bildern – insbesondere wenn es um die Startseite geht – sind **wenige, großflächige Einstiegsbilder** vielen kleinen Bildern vorzuziehen. Sie sind vom Besucher schnell zu erfassen, reduzieren die Informationskomplexität und werden aufgrund ihrer Größe und Platzierung mit sehr großer Wahrscheinlichkeit wahrgenommen. Dabei sollte das ausgewählte Bildmotiv Folgendes vermitteln:

- Das Thema der Website / des Online-Shops
- Eine „Einstimmung" auf das Thema und eine Emotionalisierung

A

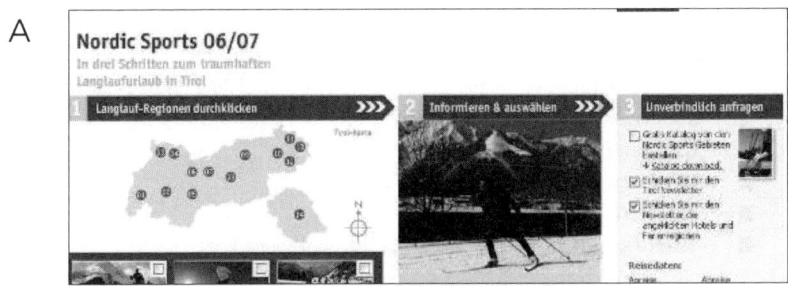

B

Abb. 2.4: Einstiegsbilder (Quelle: ©GFB&Partner)

Das große Einstiegsbild in Version B der Abbildung unterstützt den Besucher dabei, die Informationen schnell aufzunehmen („Auf der Website geht es um Skiurlaub") und stimmt auf das Thema ein („Da kriegt man gleich Lust, sich auf die Bretter zu schwingen"). Nachdem das Bild abgescannt und kategorisiert wurde („Bildinformationen sind für die weitere Navigation/ Findung eines Skireiseziels nicht mehr relevant") wird der Nutzer seine Aufmerksamkeit den Bildern und Informationen im unteren Bereich der Seite zuwenden. Anders sieht es bei Version A aus: Dem Besucher werden auf gleicher Fläche deutlich mehr Informationen zugemutet. Die Karte und das Bild vom Langläufer konkurrieren um die Aufmerksamkeit des Nutzers. Insbesondere die Karte hat eine hohe Informationsdichte und es ist auf den ersten Blick nicht sofort klar, ob es sich lediglich um ein Bild oder um ein

Navigationselement handelt. Bei diesem Entwurf wird es deutlich schwerer vorherzusagen, was der Nutzer betrachten und wie er seine Aufmerksamkeit verteilen wird.

Im Beispiel sind wir von einer Startseite ausgegangen. Die obigen Aussagen sind aber auch auf die Gestaltung von **Verteilerseiten** wie z.B. Sortimentseinstiegsseiten oder Hauptrubrikenseiten anwendbar.

Möchte man die Reizstärke der Teaser optimieren und passt es zur Thematik des Angebots, dann kann man zusätzlich mit **Schlüsselreizen** arbeiten, die auch aus dem Printbereich bekannt sind:

- Kindchenschema
- Erotische Abbildungen
- Augen/Gesichter
- Warnfarben (schwarz-gelb, hochgesättigtes Rot)

Allgemein gilt: Das Motiv sollte das Thema so prägnant und eindeutig wie möglich visualisieren.

2.2.4 VISUELLES GUIDING IN DER AUFMERKSAM-KEITSGESTEUERTEN NUTZUNGSPHASE – ERWARTUNGSKONFORME GESTALTUNG

In der aufmerksamkeitsgesteuerten Nutzungsphase erhalten Textelemente und funktionale Elemente wie Navigationsleisten, Sucheingabefelder etc. eine erhöhte Aufmerksamkeit der Besucher. Für die Websitegestaltung bedeutet dies, dass diese möglichst schnell und intuitiv auffindbar sein sollten. Hier spielt die **erwartungskonforme Platzierung** eine wichtige Rolle. Denn neben der Reizstärke der Seitenelemente beeinflussen **erlernte Wahrnehmungsmuster,** wo unser Blick zuerst hinfällt bzw. wo wir nicht hinschauen. Ein mittlerweile bekanntes Beispiel ist die **Banner-Blindness.** Insbesondere erfahrene Nutzer schenken dem mittleren Kopfbereich wenig oder gar keine Aufmerksamkeit, weil sie gelernt haben, dass sich in diesem Seiten-Areal häufig Werbung befindet.

Wenn wir durch das Netz surfen und mit einer Vielzahl von Websites und Shops konfrontiert werden, dann „lernen" wir mit der Zeit, wo bestimmte Elemente häufig platziert sind. Befindet sich die Produktsuche auf sehr vielen Shops entweder im linken Bereich oder im rechten Kopfbereich, dann prägt das unser **inneres Bild (Imagery)** von der „typischen" Platzierung einer Produktsuche. Kommen wir auf einen uns unbekannten Shop, dann wenden wir ganz unbewusst dieses Wahrnehmungsmuster an, um die Produktsuche ausfindig zu machen. Wir schauen als Erstes in den linken bzw. rechten Kopfbereich. Sind wir erfolgreich, dann haben wir das Gefühl, dass die Seite leicht nutzbar ist.

KONSEQUENZEN FÜR DAS DESIGN

Funktionale Elemente wie Navigationsleisten, Sucheingabefelder, Linklisten etc. sollten immer **erwartungskonform** platziert werden. Möchten Sie hingegen die Kontaktwahrscheinlichkeit für **werbliche Elemente** erhöhen, dann sollten Sie diese nicht erwartungskonform positionieren. Aber wo erwarten die Nutzer welche Website-Elemente? Es gibt drei Möglichkeiten dies herauszufinden:

- **Erkenntnisse aus Grundlagenstudien**
  In der Längsschnittstudie „Imagery II" hat die Firma eResult mehr als 500 Internetnutzer dazu befragt, an welcher Stelle die User Website-Elemente wie z. B. Navigationsleiste, Sitemap, Suchfunktion, Produktkatalog, Warenkorb etc. erwarten. In den Kapiteln 3 und 4 werden Erkenntnisse der Studie an verschiedenen Stellen dargestellt.
  → Mehr Informationen zum Thema: Wilhelm, Thorsten: Imagery-Studie II – Nutzergerechte Gestaltung von Homepages. Online: http://www.eresult.de/studien_artikel/studienbaende/studie14.html

- **Orientierung an „Branchenstandards"**
  Sie können eine eigene kleine Wettbewerbsanalyse durchführen und überprüfen, an welcher Stelle andere Betreiber funktionale Elemente platzieren.

- **Überprüfung in einer eigenen Usability-Studie**
  Lassen Sie Ihre Entwürfe in einem **Online-Designtest** (Kapitel 5.7) überprüfen.

2.2.5 INFORMATIONSVERARBEITUNG: AUSGEWÄHLTE GESTALTGESETZE

Während eines Website-Besuchs nehmen wir Informationen nicht nur auf, sondern verarbeiten diese auch. Es findet ein aktiver Prozess statt, bei dem wir ständig Informationen strukturieren, interpretieren und bewerten. Die **Gestaltpsychologie** hat einige Gesetzmäßigkeiten formuliert, die uns dabei helfen können, diese Vorgänge zu verstehen.

1. DAS GESETZ DER EINFACHHEIT – ODER: UNSER GEHIRN IST EIN „FAULPELZ"

Unser Gehirn interpretiert Formen so, dass sie möglichst einfach erscheinen. Wenn wir uns die Abbildung 2.5 A ansehen, dann sehen wir automatisch zwei übereinandergelegte Quadrate – so wie es in Abbildung 2.5 B visualisiert ist. Die komplizierten Dreiecksstrukturen, die ebenfalls in der Figur enthalten sind (Abb. 2.5 C), erkennen wir in der Figur nur mit Anstrengung.

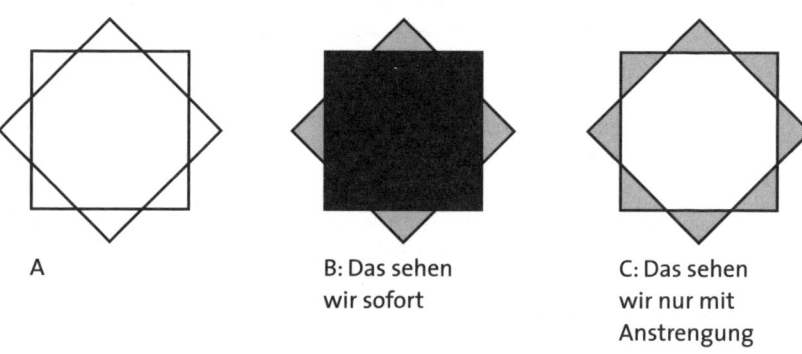

A   B: Das sehen   C: Das sehen
wir sofort   wir nur mit
Anstrengung

Abb. 2.5: Das Gesetz der Einfachheit

KONSEQUENZEN FÜR DAS DESIGN

Betrachten wir eine Webseite, dann werden die Informationen von unserem Gehirn so strukturiert, dass eine möglichst ökonomische Verarbeitung möglich ist. Hierzu wird die Fülle von Informationen in besser verdauliche „Informations-Häppchen" aufgeteilt. Das Design kann diesen Vorgang unterstützen, indem

- informationstragende Elemente symmetrisch und systematisch angeordnet werden,
- eine klare visuelle Abgrenzung der Informationseinheiten erfolgt und
- eine nicht zu hohe Anzahl von Informationseinheiten präsentiert wird.

In der Regel wird ein Layout, das den genannten Kriterien entspricht, von den Nutzern als „übersichtlich" und häufig auch als „ästhetisch ansprechend" beurteilt. In Abbildung 2.6 sind zwei Startseiten von Sport-Websites gegenübergestellt:

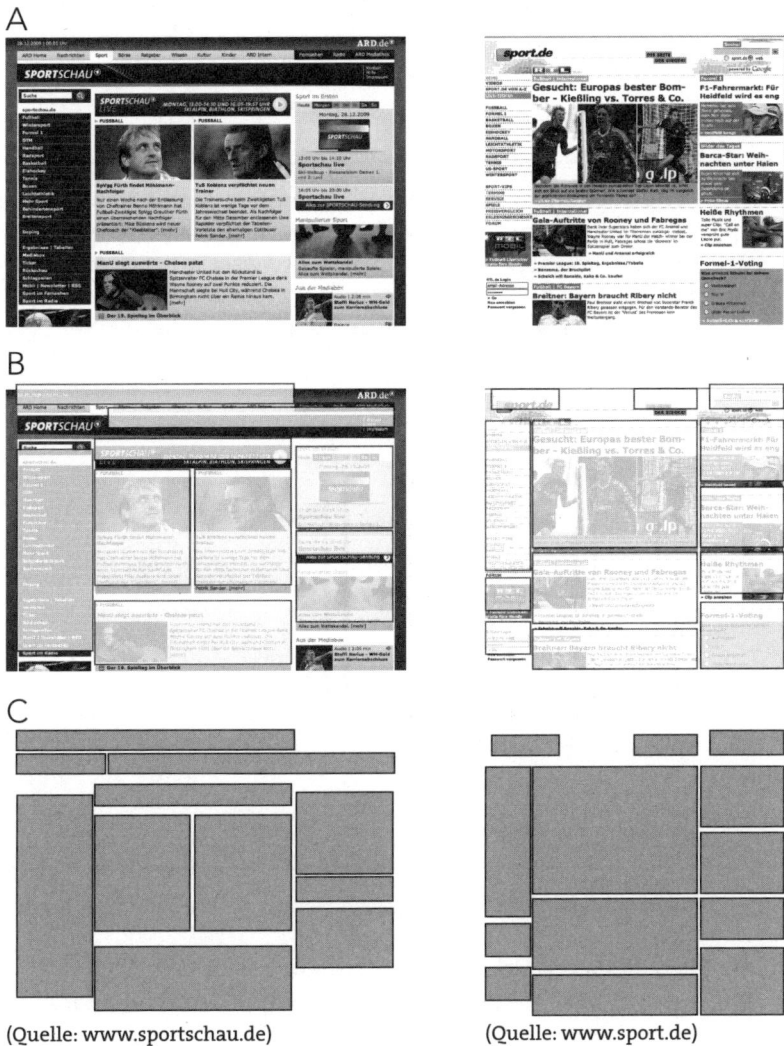

(Quelle: www.sportschau.de)   (Quelle: www.sport.de)

Abb. 2.6: Das Gesetz der Einfachheit in der praktischen Anwendung

Welche Seite finden Sie ganz spontan übersichtlicher und ansprechender? Eindeutig die Variante von Sportschau.de, oder? Die Informationseinheiten, die unser Gehirn nach dem Gesetz der Einfachheit bildet, sind durch die grauen Kästchen visualisiert (vgl. Abb. 2.6 B). In Abbildung 2.6 C sieht man dann sehr deutlich die Unterschiede zwischen den beiden Layouts –

Sport.de hat eine höhere Anzahl an Kästchen, die stark in der Größe variieren und weniger symmetrisch angeordnet sind. Überprüfen Sie einmal das Layout Ihrer eigenen Website auf diese Weise.

2. DAS GESETZ DER NÄHE

Werden Elemente nah beieinander platziert, dann interpretiert unser Gehirn diese als **zusammengehörig,** bzw. weit auseinander liegende Dinge werden als unabhängig voneinander bewertet. In der folgenden Abbildung nehmen wir automatisch fünf schmale Säulen wahr. Die Linien liegen so dicht beisammen, dass sie von uns als zusammengehörig wahrgenommen werden.

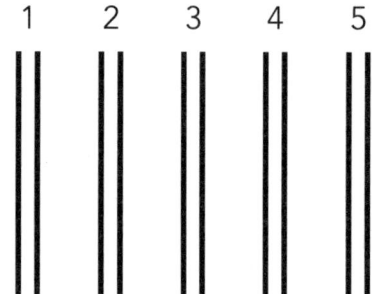

Abb. 2.7: Das Gesetz der Nähe

KONSEQUENZEN FÜR DAS DESIGN

Aus dem Gesetz der Nähe ergeben sich zwei Konsequenzen für das Webdesign:
- Inhalte können selbsterklärend strukturiert werden.
- Leere ist keine Platzvergeudung, sondern ein Gestaltungsmittel.

In Abbildung 2.8 A1 sehen wir einen Ausschnitt aus einer Meta-Navigation und vielleicht ist auch Ihre spontane Reaktion: „Wieso denn English, muss das nicht England heißen?" Man erkennt erst auf den zweiten Blick, dass es sich um zwei ganz unterschiedliche Arten von Links handelt: Die ersten drei sind Links zu den Länderversionen, der vierte Link wechselt zur englischen Sprachversion. Lässt man zwischen den Links einen deutlichen Leerraum (Abb. A2), strukturieren sich die Inhalte wie von selbst und die Unterschiede werden sehr viel schneller deutlich.

Trotz der Aufzählungszeichen erkennt man in Abb. B1 nur schwer, wo in der Linkliste eine neue Rubrik anfängt. Deutlich angenehmer und schneller erfassbar wird die Struktur der Liste jedoch, sobald man zwischen den Rubriken eine Leerzeile lässt (Abb. B2).

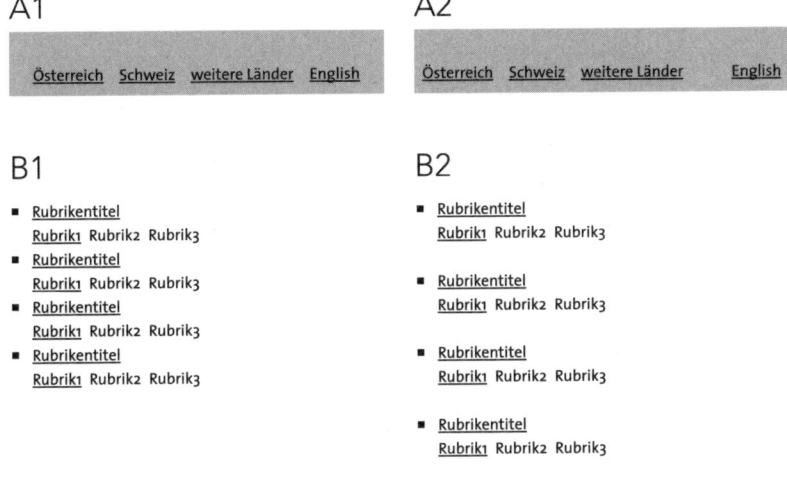

Abb. 2.8: Das Gesetz der Nähe in der praktischen Anwendung

3. DAS GESETZ DER ÄHNLICHKEIT

Dinge, die ähnlich sind, werden als zusammengehörig wahrgenommen. Wir sehen in Abbildung 2.9 automatisch drei schwarze und zwei weiße Balken:

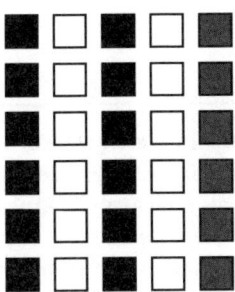

Abb. 2.9: Das Gesetz der Ähnlichkeit

KONSEQUENZEN FÜR DAS DESIGN

Seitenelemente, die funktional zusammengehören, sollten demnach auch **gleich oder ähnlich gestaltet** sein. Insofern ergänzt dieses Gesetz das Gesetz der Nähe, weil man auf diese Weise auch Elemente über mehrere Seiten bzw. über größere räumliche Distanzen hinweg verbinden kann.

Denken Sie aber auch an den Umkehrschluss dieses Gesetzes: Funktionale Elemente, die nichts miteinander zu tun haben, sollten sich in der Gestaltung deutlich voneinander unterscheiden.

4. DAS GESETZ DER GESCHLOSSENHEIT

Elemente mit einem geschlossenen Umriss werden von unserer Wahrnehmung automatisch als zusammengehörig bewertet. Allein durch die Querverbindung der Linien sehen wir links in Abbildung 2.10 statt zehn Linien fünf Rechtecke. Rechts sehen wir das weiße Quadrat auch dann, wenn die Figur nur angedeutet ist. Die Geschlossenheit muss also nicht vollständig sein, unser Gehirn ergänzt einfach die fehlenden Strukturen:

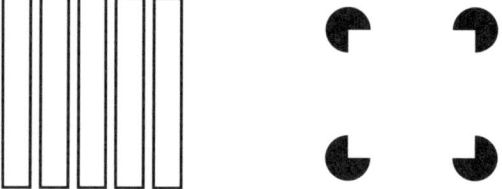

Abb. 2.10: Das Gesetz der Geschlossenheit (Quelle: www.kommdesign.de)

KONSEQUENZEN FÜR DAS DESIGN

Das Gesetz der Geschlossenheit begegnet uns in vielen Seitenelementen eines Webangebots. Beispielsweise erkennen wir nach dem Gesetz der Geschlossenheit jeden Button oder jede Tabelle als eine **visuelle Einheit.** Oder über Trennlinien kann angezeigt werden, dass Elemente nicht zusammengehören. Problematisch wird es, wenn die Gestaltgesetze widersprüchlich angewendet werden (Gesetz der Geschlossenheit vs. Gesetz der Nähe), wie man es in der nachfolgenden Abbildung sehr gut erkennen kann.

Lorem ipsum dolor sit amet,

Lorem ipsum dolor sit amet, consectetuer
Aenean commodo ligula eget dolor. Aenean
Cum sociis natoque penatibus et magnis dis parturient

Lorem ipsum dolor sit amet,

Lorem ipsum dolor sit amet, consectetuer
Aenean commodo ligula eget dolor. Aenean
Cum sociis natoque penatibus et magnis dis parturient
montes, nascetur ridiculus mus.

Lorem ipsum dolor sit amet,

Lorem ipsum dolor sit amet, consectetuer
Aenean commodo ligula eget dolor. Aenean.
Cum sociis natoque penatibus et magnis dis parturient montes,
nascetur ridiculus mus.

Abb. 2.11: Das Gesetz der Geschlossenheit und das Gesetz der Nähe im Widerspruch

➡ Mehr Informationen zum Thema: Online-Tutorial von Prof. Dr. Thomas
Wirth: http://www.kommdesign.de/texte/index.htm#Wahrnehmung

2.2.6 ZUSAMMENFASSUNG

Die Kenntnis über die Nutzer ist das Fundament dafür, eine Anwendung
mit guter Usability zu entwickeln. Als Sitebetreiber sollten Sie wissen, wer
die Anwendung in welchen Situationen, aus welchen Gründen, mit welchen Zielsetzungen und mit welchen Erwartungen und Anforderungen
nutzt.

Um zu verstehen, warum Besucher des Webangebots bestimmte Angebote und Links anklicken bzw. nicht anklicken, muss man sich den vorgelagerten Informationsaufnahme- und -verarbeitungsvorgängen widmen.
Dabei ist zu beachten: Wahrnehmung ist ein **aktiver und selektiver Vorgang.** Nur was in die kleine Zone mit der höchsten Sehschärfe gelangt
(zentrales Gesichtsfeld), wird bewusst wahrgenommen. Das heißt, der Nutzer nimmt nicht alle Informationen auf einer Webseite wahr und Informationen konkurrieren um die Aufmerksamkeit des Users. Das Design muss
also das Auge des Nutzers über die Webseite „führen" (visuelles Guiding). In
den ersten Sekunden eines Seitenbesuchs (Orientierungsphase) werden vor
allem reizstarke Seitenelemente wie Bilder und Headlines betrachtet. Animationen sollten zum visuellen Guiding nur gezielt und sparsam eingesetzt werden. Bei Bildern sind wenige großflächige Einstiegsbilder vielen

kleinen Bildern vorzuziehen. Im weiteren Verlauf des Seitenbesuchs findet eine Fokussierung auf funktionale Seitenelemente (aufmerksamkeitsgesteuerte Informationsaufnahme), wie z. B. Navigationsleisten, Sucheingabefelder, Linklisten etc., sowie auf Elemente mit hoher Informationsdichte (Textinformationen) statt. Diese funktionalen Elemente sollten immer **erwartungskonform**, d. h. entsprechend dem inneren Bild (Imagery) der Nutzer platziert werden.

Auch die **Informationsverarbeitung** während des Website-Besuchs ist ein aktiver Prozess. Gestaltpsychologische Regeln wie das Gesetz der Einfachheit, der Nähe, der Ähnlichkeit und Geschlossenheit können dabei helfen, diese Vorgänge zu verstehen und das Webdesign zu verbessern.

2.3 NAVIGATIONSSTRUKTUREN UND NAVIGATIONSKONZEPTE

Die Navigation auf einer Website ist wie die Gangschaltung in einem Auto: Sie muss funktionieren – am besten so einfach, dass wir über sie nicht mehr nachdenken müssen. Die Zutaten für eine **intuitiv nutzbare Navigation** sind:

- Angemessene Navigationsstrukturen (Kapitel 2.3.1)
- Ein klares und konsistentes Navigationskonzept (Kapitel 2.3.2 bis 2.3.5)
- Eindeutige Orientierungshilfen (Kapitel 2.3.6)
- Vorwärtsnavigation unterstützen und Rückwärtsnavigation immer ermöglichen (Kapitel 2.3.7)
- Aussagekräftige und eindeutige Bezeichnung von Links und Rubriken und eine nutzerzentrierte Informationsarchitektur (Kapitel 2.3.8)

2.3.1 NAVIGATIONSSTRUKTUREN IM ÜBERBLICK

HIERARCHISCHE UND LINEARE NAVIGATIONS-STRUKTUREN

Es gibt verschiedene Strukturmodelle, wie die einzelnen Seiten um die Startseite herum angeordnet sind. Für Shops und Websites relevant sind der **hierarchische Aufbau** (Baumstruktur) sowie die **linearen** Navigationsstrukturen (vgl. Abbildung 2.12).

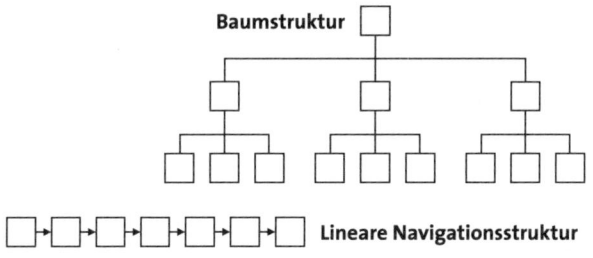

Abb. 2.12: Baumstruktur und lineare Navigationsstrukturen

Die **Baumstruktur** eignet sich besonders für die Organisation komplexer Informationsblöcke und ist mittlerweile Standard bei Shops und Websites. Bei einer streng hierarchischen Informationsstruktur könnten jedoch nur Seiten, die direkt unterhalb oder oberhalb der jeweiligen Rubrik liegen, erreicht werden. In Abbildung 2.13 ist die typische Baumstruktur eines Online-Shops abgebildet: Nach diesem Konzept navigiert die Besucherin von der Startseite in die Rubrik „Mode für Sie" und dann in das „Kleider"-Sortiment, wo sie sich noch zwischen Mini- und langen Kleidern entscheiden kann, bevor sie auf die einzelnen Produktdetailseiten kommt. Der Weg zur passenden Sonnenbrille wäre in der rein hierarchischen Struktur recht langwierig: zurück zur „Mode für Sie", um dann über die Accessoire-Seite auf „Sonnenbrillen" und dann auf die Produktdetailseite zu kommen.

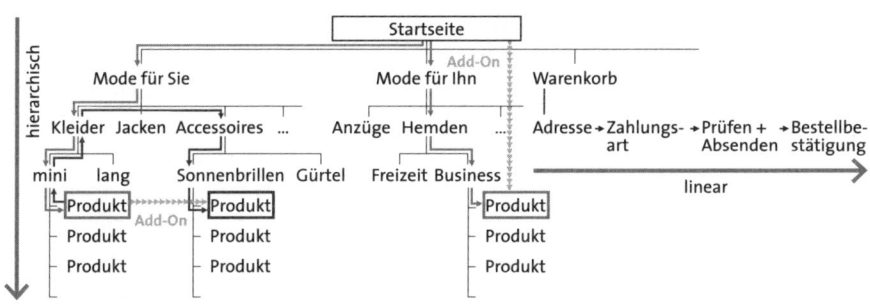

Abb. 2.13: Typische Navigationsstruktur eines Online-Shops

Mithilfe von **Add-on-Links** können jedoch auch Sprünge innerhalb des Angebots zugelassen werden, die in der hierarchischen Baumstruktur nicht vorgesehen sind, z.B. der direkte Sprung von der Produktbeschreibung zur passenden Sonnenbrille. **Cross-Selling-Angebote** in Online-Shops oder Verweise zu themenverwandten Artikeln sind typische Anwendungsfelder von Add-on-Links. Die Gefahr bei diesen assoziativen Links: Sie führen in Bereiche des Angebots, die weit vom aktuellen Standort entfernt sein können. Deshalb ist es besonders wichtig, dem Besucher auf der Zielseite ein aussagekräftiges Lagefeedback („Wo bin ich?") zu geben (vgl. Kapitel 2.3.6).

Lineare Sequenzen funktionieren wie ein Tunnel, der Nutzer wird wie auf Schienen zum Ziel geführt; es gibt nur ein Vorwärts oder Zurück. Sie eignen sich deshalb gut, um gut strukturierte Informationsblöcke darzustellen. Typische Anwendungsfelder sind der **Checkout-Prozess** (vom Warenkorb bis zur Bestellbestätigung) oder Guided Tours.

TIEFE ODER FLACHE NAVIGATIONSSTRUKTUREN

Um zur gewünschten Information oder zum gewünschten Produkt zu gelangen, muss der Nutzer von der Startseite in die tieferen Ebenen des Angebots navigieren. Ob sich eine tiefe oder flache Navigationsstruktur ergibt, hängt von der Anzahl der Hauptrubriken auf der Startseiten-Ebene ab. Bei identischer Anzahl von Inhalten führen wenige Hauptrubriken zu tiefen, viele Hauptrubriken zu flachen Navigationsstrukturen (Abb. 2.14). Bereits in den 8oer- und 9oer-Jahren wurde in der Hypertextforschung eine Vielzahl von Studien zu diesem Thema durchgeführt.

> **Das eindeutige Ergebnis: Eine flache Navigationsstruktur (breit angelegtes Menü auf Startseiten-Ebene) ist besser als eine tiefe Navigationsstruktur (wenige Rubriken auf Startseiten-Ebene).**

Denn eine geringe Anzahl an Hauptrubriken kann bei Angeboten mit vielen Seiten zu tiefen Navigationspfaden führen. Die Seiten mit den gewünschten Informationen sind von vielen Rubrikenebenen überlagert. Je mehr Schritte jedoch bis zur gewünschten Information notwendig sind, desto mehr Navigationsentscheidungen muss der Besucher treffen, desto **unüberschaubarer** werden die Relationen dieser Entscheidungen zueinander und desto größer ist die Gefahr, dass der Nutzer eine „falsche" Abzweigung nimmt und sich verläuft.

Außerdem muss der Besucher bei tiefen Navigationsstrukturen **sehr langen Klickpfaden** folgen, bis er zur gewünschten Information gelangt. Eine viel zitierte Regel ist die **„3-Click-Rule"**. Demnach brechen Nutzer den Besuch ab, wenn sie nicht innerhalb von drei Klicks das finden, was sie suchen. So dogmatisch muss man das jedoch nicht sehen: Nutzer sind bereit, auch fünf oder sieben Klicks zu akzeptieren, wenn eine transparente Navigationsstruktur das Gefühl der Orientierung und der Kontrolle vermittelt. Trotzdem sollte man bei der Konzeption darauf achten, **flache Navigationsstrukturen** zu definieren, um unnötig lange Klickpfade erst gar nicht entstehen zu lassen.

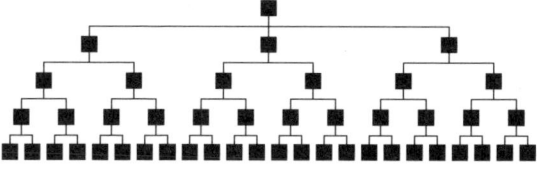

Tiefe Navigationsstrukturen mit drei Hauptrubriken

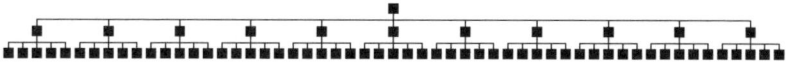

Flache Navigationsstrukturen mit elf Hauptrubriken

Abb. 2.14: Tiefe und flache Navigationsstrukturen

Neben den Navigationsstrukturen muss man sich für eine gute Navigation Gedanken zum **Navigationskonzept** machen. Wie soll die formale Gestaltung von

- Hauptnavigation
- Content-Navigation
- Sitemap/Site-Index
- und Meta-Navigation

aussehen?

2.3.2 DIE GESTALTUNG DER HAUPTNAVIGATION

Man kann vier grundsätzliche Varianten unterscheiden, wie die Navigation auf Aktionen des Nutzers reagiert: die addierende Navigation, die reduzierende Navigation, die subtrahierende Navigation sowie Register mit und ohne Layer.

ADDIERENDE NAVIGATIONSLEISTEN

Bei der **addierenden Navigation** bleiben die Inhalte aller geöffneten Unterrubriken sichtbar (manchen ist die Funktionsweise noch aus dem alten Windows-Explorer bekannt). Die Seiten gleicher, höherer und tieferer Ebenen können so einfach aufgerufen werden. Die hierarchische Beziehung zwischen den Seiten wird durch Einrückungen und Aufzählungszeichen visualisiert (vgl. Abb. 2.15). Problematisch wird es jedoch, wenn das Angebot **sehr umfangreich** ist und deshalb viele Navigationsebenen dargestellt werden müssen. Durch die immer weiter nach unten aufklappenden Ebenen wird die Navigationsleiste sehr lang, sodass sehr schnell der Überblick verloren geht.

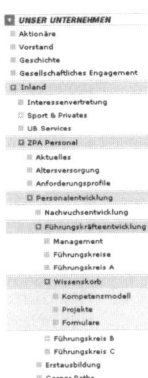

Abb. 2.15: Addierende Navigation

REDUZIERENDE NAVIGATIONSLEISTEN

Bei der **reduzierenden Navigation** werden die nicht geklickten Rubriken ausgeblendet. In Abbildung 2.16 kann man das Prinzip gut erkennen. Auf der ersten Ebene werden dem Nutzer alle Produktgruppen von Accessoires bis zur Wäsche angeboten. Sobald der Nutzer sich entscheidet (z. B. Sweats & Shirts), werden alle anderen Produktgruppen ausgeblendet und nur noch die Unterkategorien von „Sweats & Shirts" präsentiert (hier: Shirts, Sweats und Tops).

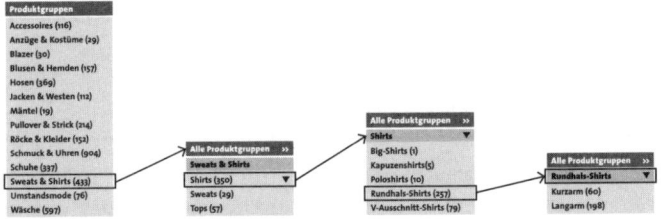

Abb. 2.16: Reduzierende Navigation (Quelle: www.neckermann.de)

Die Vorteile gegenüber einer addierenden Navigation liegen auf der Hand: Die Navigation wirkt aufgeräumt und bietet dem Nutzer immer nur eine überschaubare Anzahl an Links an. Sie unterstützt somit den zielorientierten Nutzer, der genau weiß, was er will.

Denken Sie bei der Konzeption nicht nur an die Vorwärtsnavigation, sondern auch an die Rückwärtsnavigation. Nachdem der Nutzer sich eine Reihe von Rundhals-Shirts angesehen hat, möchte er sich vielleicht doch lieber Tops ansehen. Wie kommt der Nutzer jetzt aus den tiefen Ebenen des Sortiments zurück auf eine Zwischenebene?

Um dieses Problem zu lösen, bietet sich eine Variante an, bei der die gewählten Rubriken permanent sichtbar bleiben (und nicht wie in Abbildung 2.16 komplett verschwinden). Eine schnelle Navigation auf jede Zwischenebene ist damit möglich:

▶ Unser Unternehmen	▶ Unser Unternehmen	▶ Unser Unternehmen	▶ Unser Unternehmen
▶ Kundengeschäft	▶ Kundengeschäft	▶ Kundengeschäft	▶ Kundengeschäft
▶ **Personal**	▶ Personal	▶ Personal	▶ Personal
▶ Arbeitsplatz	▶ **Erstausbildung**	▶ Erstausbildung	▶ Erstausbildung
▶ Aktuelles	▶ Führungskräfte-entwicklung	▶ **Trainee**	▶ **Trainee**
	▶ Personal-entwicklung	▶ Ausbildung	▶ Trainee-Inhalte
	▶ Kundengeschäft	▶ Duales Studium	▶ Karriere-planung
	▶ Arbeitsplatz	▶ Kundengeschäft	▶ **Stipendien**
	▶ Aktuelles	▶ Arbeitsplatz	▶ Kundengeschäft
		▶ Aktuelles	▶ Arbeitsplatz
			▶ Aktuelles

Abb. 2.17: Variante der reduzierenden Navigation

SUBTRAHIERENDE NAVIGATION

Klickt der Nutzer auf eine Unterrubrik (in unserem Beispiel unten Shirts, Sweats & Tops), dann rutscht diese in den **obersten Bereich der Navigation.** Die anderen Rubriken werden wie bisher aufgebaut, es erfolgt kein weiteres „Herausziehen" oder „Wegfallen" der nächsten Ebenen. Vorteile für den Nutzer: Die interessierende Rubrik ist immer im sofort sichtbaren Bereich, gleichzeitig werden die anderen Produktgruppen permanent angezeigt und geraten nicht in Vergessenheit.

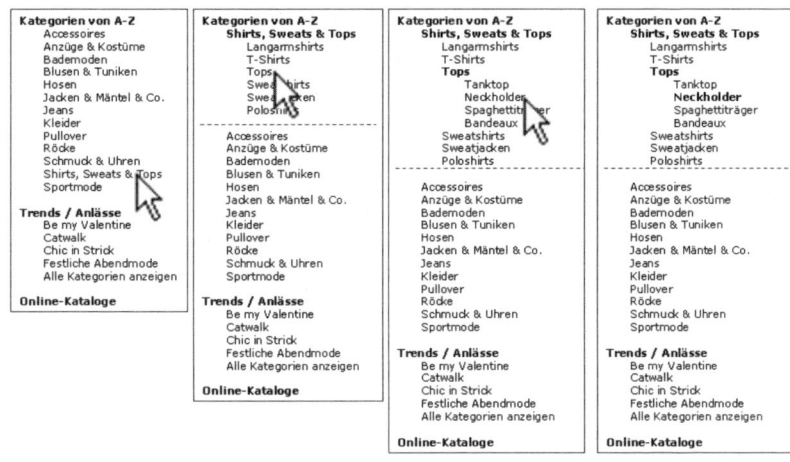

Abb. 2.18: Subtrahierende Navigation

REGISTER MIT UND OHNE LAYER

Register (auch Reiter genannt) werden häufig verwendet, um die Hauptrubriken des Angebots anzuzeigen. Sie haben den Vorteil, dass der Nutzer zu jedem Zeitpunkt zwischen den Hauptkategorien wechseln kann. Der Shop des Versandhändlers Neckermann setzt eine klassische Registernavigation in Kombination mit einer linken Navigationsleiste (Baumstruktur) ein:

Abb. 2.19: Klassische Registernavigation und umgekehrte L-Navigation (Quelle: www.neckermann.de)

Eine Registernavigation, in der alle Unterrubriken im oberen Bereich untergebracht sind, kann man am Beispiel der Website von Aida sehen (vgl. Abb.
2.25).

Eine weitere beliebte Variante ist die Kombination mit **Layern,** wie man sie
in Abbildung 2.20 sehen kann. Per Mouse-Over wird die erste Sortiments-
ebene im Überblick dargestellt und kann vom Nutzer direkt angesteuert
werden. Vorteil für Nutzer mit aktiviertem Java-Script (denn nur dann funktionieren die Layer): Sie sparen sich einen Klick und das gesamte Damen-
Sortiment ist auf einen Blick sichtbar.

**Wichtig: Der Layer darf sich nicht einklappen, solange sich die Maus im
Menü befindet, und die Zeilenabstände zwischen den Unterrubriken
sollten nicht zu eng sein, damit die Links gut klickbar bleiben.**

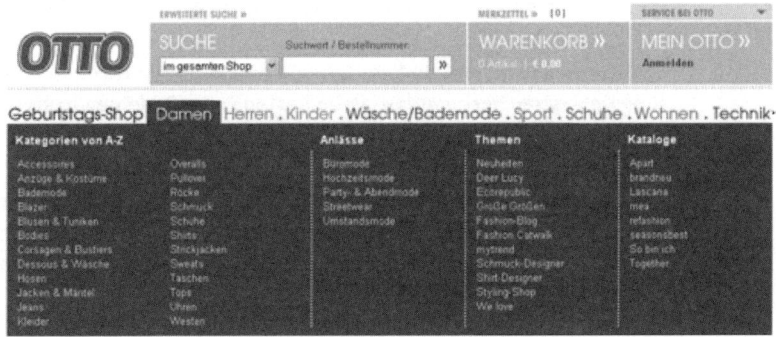

Abb. 2.20: Registernavigation mit Layer (Quelle: www.otto.de)

ERWARTUNGSKONFORME PLATZIERUNG DER HAUPTNAVIGATION

Wo sollte die Hauptnavigation platziert werden? Auch hier gilt: Nutzer wollen nicht nach der Navigation suchen und sie haben ganz klare Erwartungen, wo sich diese zu befinden hat: Im **linken und/oder oberen Bereich** des
Webangebots. Das gilt gleichermaßen für Shops und für informations-
orientierte Websites (vgl. Imagery-Studie 2005). Die **umgekehrte L-Navigation,** also die Kombination aus oberer (Register-)Navigation und linker
Navigationsleiste, hat sich mittlerweile als Quasi-Standard etabliert (vgl.
Abb. 2.19).

2.3.3 DIE GESTALTUNG DER CONTENT-NAVIGATION

Durch einen Shop oder eine Website zu surfen, bedeutet Links anzuklicken. Links im Content können dargestellt werden durch:

- Textlinks
- Bilder inkl. Icons / Piktogramme
- Schaltflächen
- Dropdown-Menüs

DIE GESTALTUNG VON TEXTLINKS

Textlinks sind standardmäßig unterstrichen, unbesuchte Links sind blau, besuchte Links sind violett. Kaum eine Website und kaum ein Shop belässt es jedoch bei dieser Voreinstellung, sondern passt die Gestaltung der Textlinks aus ästhetischen Gründen dem Farbkonzept des Angebots an.

Mittlerweile beliebt und aus Usability-Sicht eine Unsitte: Statt die Links zu unterstreichen, werden sie im besten Fall mit kleinen Icons oder Pfeilen gekennzeichnet und verändern ihre Farbe oder sind erst dann unterstrichen, wenn der Nutzer mit der Maus darüberfährt. Im schlimmsten Fall sind Links vom normalen Text gar nicht zu unterscheiden, sondern offenbaren sich erst, wenn der Besucher zufällig mit der Maus über den Text fährt. Das Auffinden von Links gestaltet sich dann zu einer Art „Ostereier-Suche".

Sie möchten es dem Nutzer so einfach wie möglich machen? Dann unterstreichen Sie Textlinks. Das ist für die Besucher immer noch das eindeutige Signal für einen Link. Sie wollen keine Unterstreichung der Links, weil das nicht zu Ihrem Design passt? Dann verwenden Sie ein eindeutiges Symbol, um Links außerhalb von Texten zu kennzeichnen. Verwenden Sie dieses Symbol **ausschließlich** für die Kennzeichnung von Links und für nichts anderes (z. B. als Aufzählungszeichen). Links im Text sollten zumindest in einer **anderen Farbe** gestaltet sein, die sich deutlich von Ihrer Standard-Textfarbe abhebt.

Bei der Wahl der Link-Farbe achten Sie bitte auf einen guten Kontrast zwischen Schriftfarbe und Hintergrund: Hellgraue Schrift auf weißem Hintergrund ist nun mal schlecht lesbar, auch wenn sich diese gut in das Farbkonzept des Angebots integrieren lässt.

DIE GESTALTUNG VON BILDERN UND GRAFIKEN

Bei Fotos und Grafiken sollte immer deutlich werden, ob ein Klick auf das Bild zu einer Vergrößerung oder aber zu einer anderen Zielseite führt. Bieten Sie einen **Tooltip** an: Fährt der Nutzer mit der Maus über die Produktabbildung, sollte zusätzlich zum veränderten Mauszeiger z.B. „Zum Vergrößern klicken" angezeigt werden. Darüber hinaus sollte unterhalb der Produktabbildung eine **Lupe** als Symbol für die Vergrößerungsfunktion mit dem Texthinweis „Ansicht vergrößern" angeboten werden.

Noch mehr Empfehlungen zur Gestaltung von Produktabbildungen werden in Kapitel 3.3.4 gegeben.

DIE GESTALTUNG VON ICONS/PIKTOGRAMMEN

Um Links zu visualisieren, können die aus der Software bekannten **Icons** (auch **Piktogramme** genannt) für Webangebote genutzt werden. Eigentlich sollen Icons eine Entlastungsfunktion übernehmen, da ein Bild schneller zu erfassen ist als Text. Jedoch gibt es nur sehr wenige Icons, die so eindeutig sind, dass sie ganz ohne zusätzliche Beschriftung auskommen. Schauen Sie sich die Icons in Abbildung 2.21 an und versuchen Sie zu erraten, welche Funktion sich dahinter verbirgt. (Tipp: Es geht vor allem um Service-Funktionen.) Die Auflösung finden Sie am Ende dieses Kapitels.

Abb. 2.21: Was verbirgt sich hinter den Icons?

Insofern haben die meisten Icons auf Websites und Online-Shops eher einen **dekorativen Charakter**. Lediglich bei Web-Anwendungen, die häufig und regelmäßig genutzt werden (z.B. Intranet, Online-Banking-Anwendungen etc.) können Icons über Lerneffekte eine informationelle Entlastungsfunktion ausüben.

Folgende wenige Icons haben sich so gut etabliert, dass deren Anwendung auch ohne Beschriftung funktioniert:

- Einkaufswagen (für Warenkorb)
- Papierkorb (für Löschen)
- Haus (für Startseite)
- Briefumschlag (für Kontakt/E-Mail/Weiterempfehlung)

DIE GESTALTUNG VON SCHALTFLÄCHEN

Den Button kennen wir aus der realen Welt, in der wir über Druckknöpfe und Schalter elektronische Geräte steuern können. Schaltflächen auf Webangeboten lösen in der Regel eine Aktion aus (z.B. Suchbegriff absenden) und sollten sich visuell deutlich von anderen Navigationselementen unterscheiden. Indem sich die Form des Cursors vom Pfeil zur Hand verändert **(Rollover-Effekt)** wird angezeigt, dass eine Aktion ausgelöst wird. Inaktive Buttons werden durch eine blassere Farbe dargestellt und können dem Besucher anzeigen, dass eine Funktion grundsätzlich möglich ist, jedoch nicht in der derzeitigen Situation.

Bevor Sie einen Button platzieren, überlegen Sie, was die **zielführende Hauptaktion** auf der Seite ist. Schauen wir uns einmal das Beispiel in Abbildung 2.22 an. Die zielführende Hauptaktion auf dieser Seite ist das „Hinzufügen" eines Favoriten, daneben gibt es noch die Möglichkeiten „Abbrechen" und „Speicherort ändern". Was glauben Sie, passiert in einem Test mit Nutzern? 80 % der Testpersonen werden versehentlich auf den Button „Speicherort ändern" klicken, obwohl sie eigentlich den Favoriten speichern wollten. Denn es werden hier drei typische Fehler gemacht:

1 Zu viele Buttons: Drei Buttons sind zwei zu viel. Buttons sind aufmerksamkeitsstarke Elemente und sollten den zielführenden Hauptfunktionen vorbehalten sein (in unserem Fall „Hinzufügen").

2 Andere aktionsauslösende Elemente wie „Abbrechen" oder „Speicherort ändern" sollten deutlich dezenter, z.B. als einfache Textlinks, dargestellt werden.

3 Der „vorwärtsgerichtete" bzw. „zielführende" Button sollte immer rechts unten platziert werden.

SO NICHT ...

BESSER SO …

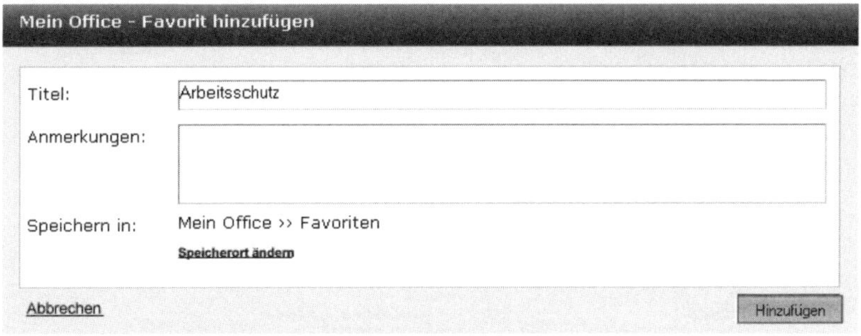

Mein Office - Favorit hinzufügen	
Titel:	Arbeitsschutz
Anmerkungen:	
Speichern in:	Mein Office >> Favoriten
	Speicherort ändern
Abbrechen	Hinzufügen

Abb. 2.22: Die Platzierung und Gestaltung von Buttons

Weitere Empfehlungen zur konkreten Gestaltung von Schaltflächen werden in Kapitel 3.6 (Produktsuche) und Kapitel 3.7 (Checkout und Payment) gegeben.

DIE GESTALTUNG VON PULLDOWN-MENÜS

Pulldown-Menüs (auch Dropdown-Menüs genannt) haben den Vorteil, dass sie sehr raumökonomisch sind. Als ergänzende Navigationsfunktion können sie dazu eingesetzt werden, den direkten Zugriff auf häufig angewählte Rubriken oder Services zu ermöglichen. Insbesondere für Besucher und Kunden, die das Angebot bereits kennen oder genau wissen, welche Informationen sie wünschen, ist diese Art des Informationszugangs von hohem Nutzwert.

Zur Gestaltung von Pulldown-Menüs für die Attributenauswahl und bei Formulardialogen siehe Kapitel 3.7 (Checkout und Payment) sowie Kapitel 3.3.5 (Formular- und Buttongestaltung auf der Produktdetailseite).

2.3.4 DIE GESTALTUNG VON SITEMAP UND SITE-INDEX

Sitemaps geben dem Nutzer einen Überblick über das Webangebot, indem sie die Struktur in Form von Übersichtsgrafiken oder strukturierten Listen mit Textlinks visualisieren. Letztere sind die am weitesten verbreitete Form von Sitemaps und sind grafischen Sitemaps vorzuziehen. Sitemaps werden gerne von erfahrenen Nutzern zur Navigation verwendet.

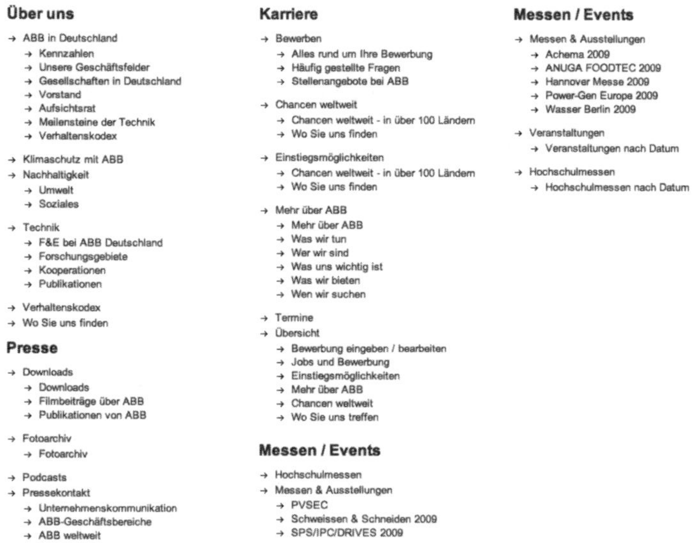

Über uns

→ ABB in Deutschland
   → Kennzahlen
   → Unsere Geschäftsfelder
   → Gesellschaften in Deutschland
   → Vorstand
   → Aufsichtsrat
   → Meilensteine der Technik
   → Verhaltenskodex

→ Klimaschutz mit ABB
→ Nachhaltigkeit
   → Umwelt
   → Soziales

→ Technik
   → F&E bei ABB Deutschland
   → Forschungsgebiete
   → Kooperationen
   → Publikationen

→ Verhaltenskodex
→ Wo Sie uns finden

Presse

→ Downloads
   → Downloads
   → Filmbeiträge über ABB
   → Publikationen von ABB

→ Fotoarchiv
   → Fotoarchiv

→ Podcasts
→ Pressekontakt
   → Unternehmenskommunikation
   → ABB-Geschäftsbereiche
   → ABB weltweit

Karriere

→ Bewerben
   → Alles rund um Ihre Bewerbung
   → Häufig gestellte Fragen
   → Stellenangebote bei ABB

→ Chancen weltweit
   → Chancen weltweit - in über 100 Ländern
   → Wo Sie uns finden

→ Einstiegsmöglichkeiten
   → Chancen weltweit - in über 100 Ländern
   → Wo Sie uns finden

→ Mehr über ABB
   → Mehr über ABB
   → Was wir tun
   → Wer wir sind
   → Was uns wichtig ist
   → Was wir bieten
   → Wen wir suchen

→ Termine
→ Übersicht
   → Bewerbung eingeben / bearbeiten
   → Jobs und Bewerbung
   → Einstiegsmöglichkeiten
   → Mehr über ABB
   → Chancen weltweit
   → Wo Sie uns treffen

Messen / Events

→ Hochschulmessen
→ Messen & Ausstellungen
   → PVSEC
   → Schweissen & Schneiden 2009
   → SPS/IPC/DRIVES 2009

Messen / Events

→ Messen & Ausstellungen
   → Achema 2009
   → ANUGA FOODTEC 2009
   → Hannover Messe 2009
   → Power-Gen Europe 2009
   → Wasser Berlin 2009

→ Veranstaltungen
   → Veranstaltungen nach Datum

→ Hochschulmessen
   → Hochschulmessen nach Datum

Abb. 2.23: Ausschnitt einer Sitemap mit strukturierten Textlinks (Quelle: www.abb.de)

Der aus Büchern bekannte Index, eine alphabetisch geordnete Stichwortliste, kann auch im Web als **Site-Index** hilfreich sein. Im Gegensatz zu den nach Rubriken geordneten Sitemaps müssen hier die Besucher die Benennung der gesuchten Kategorie präzise voraussagen. Es ist deshalb wichtig, zentrale Inhalte mehrfach mittels **Synonymen** zu indexieren, um auf diese Weise das Auffinden von Informationen auch dann zu gewährleisten, wenn der Nutzer nicht die genaue Terminologie kennt.

Indices können bei sehr umfangreichen Sortimenten, wie sie zum Beispiel bei Büroartikel-Versand vorkommen, bzw. sehr umfangreichen Contents (z.B. im Intranet) gute Dienste leisten.

2.3.5   DIE GESTALTUNG DER META-NAVIGATION

Die **Meta-Navigation** umfasst typische Links, wie z.B. Kontakt und/oder Service, Informationen zum Unternehmen, Hilfe, Sprachauswahl und/oder Links zu anderen Länderversionen bzw. bei Online-Shops zusätzlich AGB, Datenschutz, Jobs/Karriere, Impressum etc. Die Meta-Navigation wird von den Nutzern im **rechten Kopfzeilenbereich** eines Webangebots erwartet, so wie es beim Online-Shop von Neckermann zu sehen ist (siehe Abb. 2.24 unten). Im oberen Beispiel ist die Meta-Navigation direkt oberhalb der Hauptnavigation positioniert. Das widerspricht nicht nur den Erwartungen der Nutzer. Es sieht auch so aus, als ob die Meta-Navigation zur Hauptnavigationsleiste gehören würde.

SO NICHT …

BESSER SO …

(Quelle: www.neckermann.de)

Abb. 2.24: Die Platzierung der Meta-Navigation

2.3.6 EINDEUTIGE ORIENTIERUNGSHILFEN BIETEN

Eine gute Navigation gibt dem Besucher permanentes Feedback auf die Fragen „Wo bin ich?" und „Wo komme ich gerade her?". Folgende Gestaltungsmittel sind dazu geeignet, Orientierungshilfen zu geben:

- Farbliche Hervorhebungen / Highlighting
- Seitentitel / Page Label
- Surfpfad / Breadcrumb-List
- Farbkodierung / Colour Coding

FARBLICHE HERVORHEBUNGEN UND SEITENTITEL

Die **farbliche Hervorhebung** (Highlighting) des aktuellen Standorts in der Navigationsleiste ist ein wichtiges formales Gestaltungsmittel, um dem Nutzer Orientierung zu geben.

Der **Seitentitel** (auch Page Label genannt) gibt an, auf welcher Seite des Angebots sich der Nutzer gerade befindet. Er sollte konsistent über das gesamte Webangebot im aufmerksamkeitsstarken oberen Content-Bereich platziert sein und sich durch die formale Gestaltung von Links oder anderen Textinformationen abheben.

Ein positives Beispiel für eine gelungene farbliche Hervorhebung und einen auffällig platzierten Seitentitel findet sich auf der Website von Aida:

A: Highlighting und Seitentitel bei einer Registernavigation

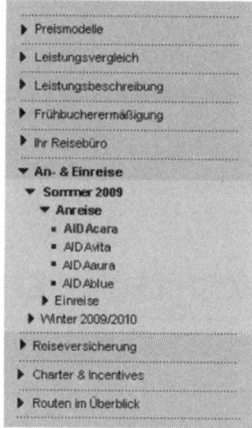

B: Highlighting bei einer addierenden Navigationsleiste

Abb. 2.25: Best Practice – Highlighting und Seitentitel bei einer Registernavigation (Quelle: www.aida.de)

DER SURFPFAD

Der **Surfpfad** (auch Breadcrumb-List genannt) zeigt an, welchen Weg der Nutzer bis zum aktuellen Standort gegangen ist. Er sollte im oberen Bereich des Webangebots platziert sein. Für die formale Gestaltung des Surfpfads können folgende Empfehlungen gegeben werden:

- Die Zwischenschritte sollten am besten unterstrichen sein, um deutlich anzuzeigen, dass es sich um anklickbare Links handelt.
- Als Trennzeichen sind Pfeile (>>) besser als ein Slash (/) oder ein Trennstrich (|).
- Insbesondere für unerfahrene Nutzer ist es sinnvoll, einen kurzen Hinweis darauf zu geben, um was es sich handelt: z. B. „Sie sind hier" oder „Ihr Standort".

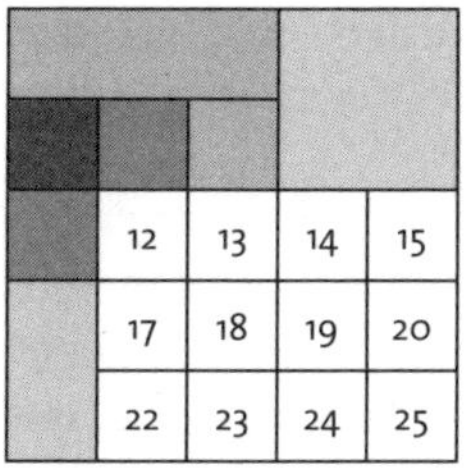

12	13	14	15
17	18	19	20
22	23	24	25

(Quelle: Wilhelm 2005)

Dunkle Quadranten zeigen an, dass ein hoher Prozentsatz der Befragten an dieser Stelle einen Surfpfad erwartet.

Start » Mode für Sie » Blusen & Tuniken » Tuniken & Schlupfblusen » Ärmellos

(Quelle: www.neckermann.de)

Eine gute formale Gestaltung des Surfpfads

Abb. 2.26: Die Platzierung und Gestaltung des Surfpfads

DIE FARBKODIERUNG

Der Informationswert von Farben kann genutzt werden, indem bestimmte Rubriken konsistent mit bestimmten Farben verbunden werden (sog. **Colour Coding**). Auf diese Weise nimmt der Besucher schneller wahr, dass er die Rubriken gewechselt hat. Ein Beispiel für eine Farbkodierung lässt sich im aktuellen Online-Shop von Otto ansehen.

Eine Farbkodierung ist jedoch nur sinnvoll, wenn die Anzahl der Farben nicht zu hoch ist. Ideal sind nicht mehr als vier bis fünf unterschiedliche Farben, die sich deutlich voneinander unterscheiden.

2.3.7 VORWÄRTSNAVIGATION UNTERSTÜTZEN UND RÜCKWÄRTSNAVIGATION IMMER ERMÖGLICHEN

VORWÄRTSNAVIGATION UNTERSTÜTZEN

Unter **Vorwärtsnavigation** versteht man die Klick-Pfade in die tieferen Ebenen des Webangebots (z.B. von der Startseite in die Rubrik Hosen bis zu einer Produktdetailseite) bzw. das „Weiter"-Klicken bei einer linearen Sequenz.

Was bedeutet „Vorwärtsnavigation unterstützen"? Stellen Sie sich vor, Sie bauen für Ihre Firma ein neues Firmengebäude. Dann würden Sie einen Haupteingang planen, durch den die Masse der Mitarbeiter und Besucher gehen soll. Damit auch jeder den Haupteingang findet, würden Sie ihn an einer auffälligen Stelle platzieren und entsprechend groß und repräsentativ gestalten. Daneben würden Sie jedoch noch mehrere Nebeneingänge ins Gebäude einplanen.

Ersetzen Sie jetzt das Firmengebäude durch Ihr Webangebot: Auch hier ist es notwendig einen Haupteingang zu definieren, den Sie aufmerksamkeitsstark platzieren und auffällig gestalten. Zeigen Sie dem Nutzer deutlich, wo es in das Angebot hineingeht bzw. wo er klicken soll, damit es weitergeht. Einem Besucher, der sich einen Überblick über das Produktangebot verschaffen möchte, wird es in dem nachstehenden Beispiel nicht leicht gemacht, sich zu entscheiden. Es werden **zu viele** Einstiegsoptionen angeboten, gleichzeitig sehen alle gleich „wichtig" aus, da keine visuellen Schwerpunkte gesetzt werden:

Abb. 2.27: Vorwärtsnavigation unterstützen – Klare Einstiege bieten

Was ist jetzt mit den Nebeneingängen? Darf es nur „einen" Weg in das Angebot geben? Natürlich sollen dem Nutzer **alternative Zugangswege** zum Content/Produktsortiment angeboten werden. Mit Sicherheit gibt es Nutzer, die nicht nach weißen Hosen suchen, sondern eine bestimmte Marke bevorzugen oder aber eine Freizeithose. Es sollte jedoch in der Gestaltung deutlich werden, dass es sich eben um Nebeneingänge handelt, die sich deutlich voneinander und vom Haupteingang unterscheiden. Konkreter wird dieses Thema noch in den Kapiteln 3.1 (Die Startseite von Online-Shops) und 4.1.2 (Die Startseite von informationsorientierten Websites) anhand von Beispielen besprochen.

RÜCKWÄRTSNAVIGATION IMMER ERMÖGLICHEN

Der „Zurück"-Button ist die meistgenutzte Funktion im Browser. Er muss **immer** funktionieren. Bei Rückschritten sollten die angezeigten Seiten immer aus dem Cache des Nutzers geladen werden, damit zuvor eingegebene Daten nicht verloren gehen. Auch sollte der Rückschritt immer auf die tatsächlich zuletzt besuchte Seite führen. Denn aus der Hypertextforschung ist bekannt, dass Nutzer sehr häufig ein **Nabe-Speiche-Verhalten** zeigen: Dabei wird eine Seite zum „Zentrum" (z. B. die Sortimentsübersichtsseite für „weiße Hosen"), und die damit verknüpften einzelnen Produkte werden reihum abgearbeitet, per Klick auf den Back-Button gelangt der Nutzer jedoch nach jedem Produkt wieder zurück auf die zentrale Seite. Dieses Navigationsverhalten kann **zusätzlich** zum Back-Button des Browsers durch einen „Zurück zum Suchergebnis"-Link unterstützt werden.

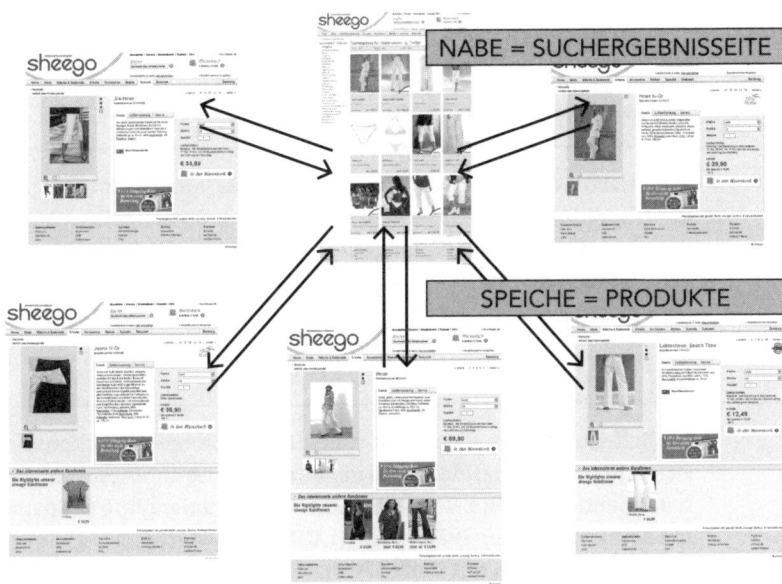

Abb. 2.28: Nabe-Speiche-Verhalten (Quelle: www.sheego.de)

2.3.8 DIE WAHL DER RICHTIGEN BEGRIFFE UND EINE NUTZERZENTRIERTE INFORMATIONS-ARCHITEKTUR

Wir sind im Web „stark kurzsichtig" – Conklin hat bereits 1987 von der „information myopia", also der informationellen Kurzsichtigkeit gesprochen (vgl. Conklin 1987). Was ist damit gemeint?

Stellen Sie sich vor, Sie sind in einem Raum mit ganz vielen geschlossenen Türen. Auf jeder Tür steht ein Wort und Sie müssen jetzt entscheiden, durch welche Tür Sie gehen, um in den gewünschten Raum zu kommen. Genauso geht es uns beim Besuch eines Webangebots.

Von der Startseite aus müssen wir anhand der Linkbezeichnungen unseren Weg zum Ziel „erspüren" bzw. eine „Witterung" aufnehmen. Dabei können wir uns vornehmlich an den Benennungen der Links (das Wort an der Tür) orientieren und müssen dann entscheiden, welcher der Links uns am besten ans Ziel führt (durch welche Tür wir gehen). Es wird also sehr deutlich, wie wichtig die **eindeutige, verständliche und überschneidungsfreie** Bezeichnung von Links, Rubriken und Navigationselementen ist. Aber wie kann man Eindeutigkeit, Verständlichkeit und Überschneidungsfreiheit der verwendeten Begriffe gewährleisten?

WORT-EIGENKREATIONEN VERMEIDEN

Kreativität ist bei der Benennung von Links nicht nur unnötig, sondern **kontraproduktiv.** Im unternehmensinternen Sprachgebrauch entwickeln sich schnell Eigenkreationen, die ihren Weg ins Webangebot finden und beim Besucher Verwirrung stiften. Oder hätten Sie gewusst, dass sich hinter „Conrad FairPay" Handy-Tarife von Conrad verbergen?

AN STANDARDS ORIENTIEREN

Für Seitenelemente, die in nahezu jedem Webangebot vorkommen, haben sich mittlerweile **Standards bei der Bezeichnung** entwickelt, an denen man sich orientieren sollte. Beispielsweise ist die Bezeichnung des personalisierten Bereichs mit dem Präfix „My" (z. B. MyTUI) oder „Mein" gängig und wird von den Besuchern mit dieser Funktion in Verbindung gebracht. Aber Vorsicht: Schon eine kleine sprachliche Variation kann zu Missverständnissen führen. Ersetzt man „Mein"/„My" beispielsweise durch „Ihr <Name des

Shops>", assoziieren Besucher damit nicht mehr den personalisierten Bereich, sondern erwarten Informationen über das Unternehmen. Ein weiteres Beispiel ist der „Warenkorb", der nach Wunsch der Nutzer genauso benannt werden soll – und nicht Einkaufskorb, Einkaufswagen oder Shopping Cart. Hilfreich sind Erkenntnisse aus Grundlagenstudien, die sich mit diesem Thema beschäftigt haben.

➜ Mehr Informationen zum Thema: Yom, Miriam, Fehrle, Daniel: Wording-Studie 2005 – Nutzungsfreundliche Bezeichnung von Navigationselementen im Internet! Online: http://www.eresult.de/studien_artikel/studien-baende/wordingstudie_2005.html

ANGLIZISMEN VERMEIDEN

Nutzer bevorzugen **deutsche Begriffe,** wie z.B. Startseite statt Homepage, Benutzername statt Username, Informationen zum Datenschutz statt Privacy Policy. Jedoch haben sich einige ausgewählte Anglizismen, wie z.B. Newsletter, Login/Logout, Download, eCard oder Chat, im deutschsprachigen Web als Quasi-Standards etabliert, sodass sie sogar deutschen Begriffen vorgezogen werden.

PRÄZISE BEGRIFFE VERWENDEN

Die Bezeichnung von Rubriken und Navigationselementen ist aus Platzgründen **auf ein bis zwei Wörter begrenzt.** Diese Wörter sind sorgfältig und möglichst präzise auszuwählen. Zum Beispiel ist die Bezeichnung einer Rubrik mit allgemeinen Informationen rund um eine Destination (Klimadaten, Kultur, Währung etc.) als „Reiseziele" korrekt, jedoch nicht präzise genug. Denn diese Rubrikenbezeichnung könnte auch Angebots- und Produktinformationen (konkrete Pauschalreisen, Touren etc.) vermuten lassen. Eine präzise Bezeichnung wäre hingegen „Länderinformationen", die einen eindeutigeren Bezug zu dem Inhalt aufweist.

AUF DEN SEMANTISCHEN KONTEXT ACHTEN

Achten Sie auch auf den semantischen Kontext von Bezeichnungen. Eine „Guided Tour" ist bei Webdesignern und versierten Webnutzern als eine linear aufgebaute Hilfefunktion bekannt. Abgesehen davon, dass dieser Begriff als Anglizismus nicht zwangsläufig für alle Nutzer verständlich ist, ist er auf einem Reiseshop zusätzlich semantisch uneindeutig. Denn eine Guided Tour könnte in diesem Kontext durchaus auch als eine „geführte Reise" missverstanden werden.

NUTZERZENTRIERTE INFORMATIONSARCHITEKTUR

Für eine intuitiv nutzbare Navigation müssen nicht nur die Türen (Links) verständlich und eindeutig beschriftet werden. Es muss auch noch gelingen, das Haus (Webangebot) mit all seinen Räumen (einzelnen Seiten des Angebots) so zu konstruieren, dass es dem **mentalen Modell** der Nutzer entspricht. Was ist damit gemeint?

Unser Gehirn verfügt über eine ganze Reihe dieser mentalen Modelle. Sie sind vereinfachte Schemata unserer Umwelt und helfen uns dabei, auf eine komplexe Umwelt schneller und adäquat zu reagieren.

Stellen Sie sich vor, Sie gehen in ein Restaurant. Sie setzen sich und was passiert dann? Es kommt ein Kellner und bringt Ihnen die Karte. Nachdem Sie die Karte studiert haben, nimmt der Kellner die Bestellung auf und bringt zuerst das bestellte Getränk, danach die Speisen. Sie essen, bezahlen und verlassen das Lokal dann. Das ist unser mentales Modell von dem Ereignis „Restaurantbesuch".

Nun können wir davon ausgehen, dass Internetnutzer ebenfalls über mentale Modelle von Websites und Shops verfügen. Sie haben eine Vorstellung davon, wie die Inhalte eines Angebots gruppiert sein sollen. Entspricht die Strukturierung der Rubriken und Unterrubriken dem mentalen Modell, dann empfinden die Besucher die Navigation als **nachvollziehbar** und **intuitiv nutzbar.**

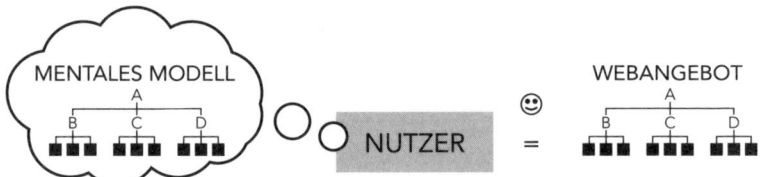

Abb. 2.29: Mentales Modell und Informationsarchitektur des Webangebots

Es liegt auf der Hand, dass ein elektronischer Produktkatalog, der für die Bestückung des Printkatalogs entwickelt wurde, oder eine Produktdatenbank aus dem SAP-System in der Regel **nicht** das mentale Modell der Zielgruppe widerspiegelt. Die kritiklose Übernahme von Sortimentsstrukturen und Produktgruppenbezeichnungen aus solchen Back-End-Systemen ist deshalb nicht zielführend. Oder würden Sie beispielsweise unter „Freizeit und Haushalt" Unterrubriken wie „Blutdruckmessgeräte", „Spielwaren"

50

oder „Tierhaltung/-pflege" erwarten? Eine gute Informationsarchitektur kann immer nur aus Sicht der Nutzer entwickelt werden. Die Methode der Wahl ist hier das **Card-Sorting,** das in Kapitel 5.8 besprochen wird.

2.3.9   ZUSAMMENFASSUNG

Eine intuitiv nutzbare Navigation zeichnet sich durch folgende Merkmale aus:

- Angemessene Navigationsstrukturen
- Ein klares und konsistentes Navigationskonzept
- Eindeutige Orientierungshilfen
- Eine unterstützte Vorwärtsnavigation und eine immer mögliche Rückwärtsnavigation
- Aussagekräftige und eindeutige Bezeichnung von Links und Rubriken und eine nutzerzentrierte Informationsarchitektur

Für Shops und Websites relevante Navigationsstrukturen sind der hierarchische Aufbau (Baumstruktur), ergänzt um Add-on-Links, sowie die lineare Sequenz. Um unnötig lange Klickpfade zu vermeiden, sollten eher **flache Navigationsstrukturen** definiert werden.

Im Rahmen eines **Navigationskonzepts** muss man über die formale Gestaltung der Hauptnavigationsleiste, der Content-Navigation, Sitemap/Site-Index sowie die Meta-Navigation nachdenken.

Bei der **Hauptnavigation** können vier grundsätzliche Varianten unterschieden werden, wie die Navigation auf Aktionen des Nutzers reagiert: Die addierende, die reduzierende und die subtrahierende Navigation sowie Register mit und ohne Layer. Die Hauptnavigation sollte immer erwartungskonform im linken und/oder oberen Bereich des Webangebots platziert werden.

Die **Content-Navigation** besteht aus Textlinks, Bildern inkl. Icons/Piktogrammen, Schaltflächen und Dropdown-Menüs. Sitemaps sollten als strukturierte Listen mit Textlinks dargestellt werden. Bei der Erstellung eines Site-Index ist es wichtig, zentrale Inhalte mehrfach mittels Synonymen zu indexieren.

Um dem Nutzer **Orientierungshilfen** zu geben, wo er sich gerade befindet bzw. wo er gerade herkommt, sollten farbliche Hervorhebungen (Highlighting), Seitentitel (Page Label), Surfpfad (Breadcrumb-List) und Farbkodierung (Colour Coding) eingesetzt werden.

Bieten Sie dem Besucher **klare Einstiege** in das Angebot und definieren Sie einen „Haupteingang", der visuell betont und aufmerksamkeitsstark platziert ist. Ermöglichen Sie immer eine **Rückwärtsnavigation** per „Zurück"-Button des Browsers und unterstützen Sie das **Nabe-Speiche-Verhalten** der Nutzer.

Links, Rubriken und Navigationselemente sind **eindeutig, verständlich und überschneidungsfrei** zu benennen. Vermeiden Sie begriffliche Eigenkreationen und unnötige Anglizismen und orientieren Sie sich für generische Seitenelemente an bestehenden Standards. Verwenden Sie präzise Begriffe und achten Sie auf den semantischen Kontext, in dem Sie die Begriffe verwenden.

Die Informationsarchitektur des Webangebots sollte dem **mentalen Modell** der Zielgruppe entsprechen. Aus diesem Grund dürfen Sortimentsstrukturen oder Produktgruppenbezeichnungen nicht einfach aus Back-End-Systemen übernommen werden, sondern sollten mittels **Card-Sorting-Studien** aus Sicht des Nutzers definiert werden.

Abb. 2.30: Auflösung des Icon-Tests aus Abb. 2.21

3 USABILITY-ERKENNTNISSE FÜR ONLINE-SHOPS

Die Bedeutung der Usability für die Conversion-Rate haben wir bereits in Kapitel 1 angesprochen. Es gibt aber noch weitere Gründe, warum Sie sich mit der Usability Ihres Shops beschäftigen sollten. Das Web bietet unendliche **Preistransparenz:** Google, spezielle Preissuchmaschinen und Preisvergleichsseiten lassen den Preis anscheinend zum wichtigsten Argument für eine Kaufentscheidung werden.

Diese Annahme stimmt jedoch nicht ganz. Insbesondere bei der Neukundengewinnung spielt die Nutzungsfreundlichkeit des Shops eine ganz entscheidende Rolle für das Treffen einer Kaufentscheidung.

Anders als im Ladengeschäft muss der Besucher bei der ersten Transaktion auf die Seriosität und Professionalität des Anbieters vertrauen können. In Studien hat man festgestellt, dass für diesen **Vertrauensbildungsprozess** die nutzungsfreundliche Gestaltung der Shop-Schnittstelle ein wichtiger Faktor ist (vgl. Egger 2001). Und auch die wahrgenommene **Glaubwürdigkeit** des Online-Shops leidet darunter, wenn die Usability schlecht ist (vgl. Fogg et al. 2001). Erst wenn der Shop als vertrauenswürdig und glaubwürdig eingeschätzt wird, werden Preise eines Produkts überhaupt wahrgenommen und verglichen.

Auch in der langfristigen Perspektive ist Usability nicht zu unterschätzen. Jeder Shop-Betreiber ist an einem möglichst hohen **Customer-Lifetime-Value** interessiert, also dem Deckungsbeitrag, den der Kunde während seines gesamten „Kundenlebens" im Shop realisiert. Und auch hier hat sich in Längsschnittstudien gezeigt, dass Kunden den Shops treu bleiben, deren Nutzung sie als einfach und vertraut wahrnehmen (vgl. Johnson et al. 2000).

Also, viele Gründe, die nächsten Seiten zur nutzungsfreundlichen Gestaltung von Online-Shops zu lesen.

3.1 DIE STARTSEITE

In Kapitel 2 haben wir über allgemeine Gestaltungsprinzipien gesprochen, die beim Layout der Startseite beachtet werden sollten (vgl. die Gestaltgesetze in Kapitel 2.2.5) und natürlich auch für die Gestaltung von Shop-Startseiten gelten. Jedoch gibt es bei Shop-Startseiten noch einige besondere Aspekte zu berücksichtigen. Denn die Startseite ist **das** Schaufenster des Online-Geschäfts, an dem fast alle vorbeilaufen.

3.1.1 DIE HAUPTNAVIGATION IM SHOP – DER ZUGANG ZUM SORTIMENT

Bei Online-Shops ist derzeit (2009) ein Trend zur horizontalen **Register-navigation mit Layer** für die Darstellung der ersten Navigationsebene fest-zustellen (vgl. Abb. 2.20). Ein Grund hierfür sind die größer werdenden Sortimente der Online-Händler. Bei der Gestaltung von **Navigationslayern** sind vier Aspekte zu beachten:

1 Der Layer funktioniert nur bei Nutzern mit **aktiviertem Java-Script;** für alle anderen Nutzer bedarf es also einer alternativen Navigation.

2 Der Layer sollte immer **vollständig sichtbar** sein. Beachten Sie deshalb, mit welcher Bildschirmauflösung Ihre Zielgruppe auf dem Shop surft. Im Zwei-felsfall müssen Sie auf 1.024 x 768 px optimieren.

3 Achten Sie darauf, dass der Layer nicht zu breit wird. Ein **zweispaltiger Layer** kommt bei den Nutzern am besten an.

4 Bieten Sie nicht nur einen Sortimentszugang über Produktgruppen, son-dern auch **alternative Einstiege,** wie z. B. Größen, Neuheiten, Schnäppchen, Anlässe, saisonale Trends etc. an. Welche alternativen Zugänge sich Ihre Kunden wünschen, finden Sie am besten über eine repräsentative **Online-Befragung** (Kapitel 5.4) heraus.

In der nachfolgenden Abbildung ist exemplarisch ein zweispaltiger Layer mit Sortimentseinstiegen über Produktgruppen und alternativen Zugän-gen dargestellt.

Herren	
Kategorien von A-Z	**Typ**
Accessoires	elegant
Anzüge & Sakkos	klassisch
Hemden	maskulin
Hosen	modern
Jacken	sportlich
Jeans	traditionell
Pullover & Strickjacken	**Anlass**
Schmuck & Uhren	Büro
Schuhe	Freizeit
Shirts	Feier & Hochzeit
Sportmode	Outdoor
Sweatshirts & -jacken	Sport
Taschen & Reisegepäck	
Wäsche & Bademode	**Statur**
	groß
Neuheiten	schlank
Schnäppchen	untersetzt
Kombinationen	lange Arme/ Beine
Marken	kurze Arme/ Beine

Abb. 3.1: Zweispaltige Layergestaltung

Egal, ob Sie für die weiteren Sortimentsebenen eine addierende, reduzierende oder subtrahierende Navigation im linken Seitenbereich wählen (vgl. Kapitel 2.3.2): Alle Unterkategorien sollten immer im **sofort sichtbaren Seitenbereich** angezeigt werden. Auch hier gilt natürlich, dass die Anzeige auf die gängige Bildschirmauflösung Ihrer Zielgruppe optimiert werden muss.

Tipp: Achten Sie darauf, dass die Anzahl der Unterrubriken nicht zu groß wird, sondern dass sie sinnvoll strukturiert und benannt sind. Das können Sie selbst aus „Expertensicht" machen. Optimal ist es jedoch, die Informationsarchitektur des Sortiments durch die Nutzer mittels **Card-Sorting** strukturieren zu lassen (vgl. Kapitel 5.8).

3.1.2 TEASER, AKTUELLE ANGEBOTE UND TOP-SELLER

Eine Shop-Startseite sollte folgende Anforderungen erfüllen:

1   Die Startseite darf **nicht zu lang** sein. Sie sollte maximal zwei Bildschirmseiten (bei 1.024 x 768 Auflösung) lang sein bzw. der Nutzer sollte maximal 1,5 bis zwei Scrollraddrehungen benötigen, um den Inhalt der Seite erfassen zu können (vgl. Jüngel 2009).

2   Sortimentsübergreifende aktuelle **Angebote, Schnäppchen** und **Top-Seller** werden von den Besuchern auf der Startseite erwartet, gleichzeitig soll die Startseite aber nicht zu „voll" wirken.

3   Um ein gutes visuelles Guiding in der Orientierungsphase des Besuchs zu erzielen und den Kunden zu inspirieren, ist ein **großer Teaser** besser als mehrere kleine Teaser (vgl. Kapitel 2.2.3).

Ein Ausweg aus diesen gegensätzlichen Anforderungen können **Bildlaufleisten** sowie ein dynamisch gestalteter Haupt-Teaser sein:

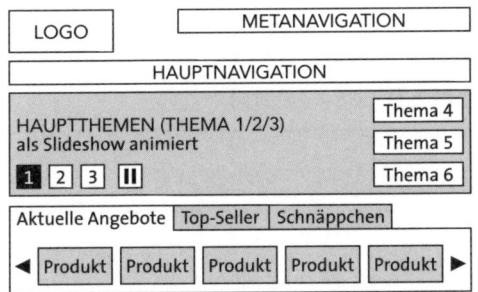

Abb. 3.2: Exemplarische Shop-Startseite mit Bildlaufleisten (Quelle: eResult GmbH)

Der **Haupt-Teaser** sollte immer so gestaltet sein, dass er komplett im sofort sichtbaren Bereich angezeigt wird. Es kann sich dabei um ein statisches Bild handeln. Eine raumökonomische Lösung mit deutlich mehr Inspirationspotenzial ist jedoch ein Teaser mit wechselnden Themen oder Produkten. Hierzu kann eine Animation eingesetzt werden, die jedoch **lange zeitliche Intervalle** zwischen den Bildern haben und nach einem Durchlauf **automatisch enden** sollte (vgl. Kapitel 2.2.3). Über Bedienelemente kann der Nutzer die einzelnen Bilder manuell ansteuern.

Die **Bildlaufleisten** für die aktuellen Angebote, Top-Seller und Schnäppchen sollten jedoch im Gegensatz zum Haupt-Teaser **nicht animiert** sein. Sie sollten erst durch Aktivität des Nutzers, z.B. wenn er die Pfeiltasten anklickt, Dynamik entwickeln. Jedes Produkt dieser Leiste ist anklickbar und führt zu einer Detailansicht des Produkts. Es ist jedoch sinnvoll, **nicht direkt auf eine Produktdetailseite** zu verlinken, sondern zunächst eine detaillierte Voransicht des Produkts im Fenster der Bildlaufleiste anzuzeigen. Auf diese Weise muss der Nutzer die Bildlaufleiste nicht verlassen und kann alle Top-Seller (Schnäppchen / aktuellen Angebote) durchblättern.

3.1.3 ZUSAMMENFASSUNG

Bei der Hauptnavigation geht der Trend bei Online-Shops derzeit zur **Registernavigation mit Layer** für die Darstellung der ersten Navigationsebenen. Der Layer sollte immer vollständig sichtbar sein und neben den Produktgruppen auch alternative Einstiege in das Sortiment ermöglichen. Für die weiteren Sortimentsebenen im linken Bereich gilt: Alle Unterkategorien sind immer im sofort sichtbaren Seitenbereich anzuzeigen.

Eine Shop-Startseite sollte maximal zwei Bildschirmseiten lang sein, sortimentsübergreifende aktuelle Angebote, Schnäppchen und Top-Seller (z.B. über Bildlaufleisten) zeigen sowie einen großen Teaser statt mehrere kleine Teaser präsentieren.

3.2 DIE SORTIMENTSEINSTIEGSSEITE UND ARTIKELÜBERSICHTSSEITE

3.2.1 DIE SORTIMENTSEINSTIEGSSEITE

Klickt ein Nutzer auf ein Sortiment in der ersten Navigationsebene (z.B. Startseite ➜ Mode für Sie), dann gelangt er auf die **Sortimentseinstiegsseiten** (Kanalhomepage) des Online-Shops. Grundsätzlich gelten für die

Gestaltung dieselben Regeln, die bereits für die Startseite aufgestellt wurden.

Der **zielorientierte** Besucher möchte sich einen schnellen Überblick über das Sortiment Damenmode verschaffen, während der **stöbernde** Kunde inspiriert und unterhalten werden möchte. Letzterer kann durch spielerische Bedienelemente wie ein **Produktkarussell,** einen **virtuellen Wühltisch** oder eine **virtuelle Kleiderstange** angesprochen werden:

Virtueller Wühltisch
(Quelle: eResult GmbH)

Virtuelle Kleiderstange
(Quelle: eResult GmbH)

Produktkarussell bei
www.karstadt.de

Abb. 3.3: Spielerische Bedienelemente auf der Sortimentseinstiegsseite

Der zielorientierte Kunde wird sich vornehmlich auf die **Navigationsleiste** und die dort angebotenen Produktgruppen konzentrieren. Für beide Kundengruppen sind **aktuelle Sonderangebote aus dem gewählten Sortiment** von Interesse, die deshalb auf der Sortimentseinstiegsseite angeboten werden sollten.

3.2.2 ARTIKELÜBERSICHTSSEITEN

Ein weiterer Klick auf der Sortimentseinstiegsseite führt den Nutzer auf die **Artikelübersichtsseite** (z. B. Startseite ➔ Mode für Sie ➔ Hosen). Je nach Produkteigenschaften ist eine Präsentation in Galerieansicht oder Tabellenansicht empfehlenswert.

Eine **Galerieansicht** hat den Vorteil, dass große Produktabbildungen präsentiert werden können. Aus diesem Grund ist diese Ansicht immer dann sinnvoll, wenn Nutzer die Produkte anhand visueller Informationen auswählen wie beispielsweise Bekleidung oder Möbel. Bei dieser Darstellungsform ist es wichtig, dass die Abbildungen groß genug sind, sodass die Produkte eindeutig zu erkennen sind.

Eine **Tabellenansicht** bietet mehr Platz für schriftliche Produktinformationen und ist deshalb für alle Produkte geeignet, die anhand von bestimmten Produkteigenschaften ausgewählt werden, wie es z. B. bei technischen Produkten der Fall ist.

Natürlich können Sie den Nutzern auch anbieten, zwischen Tabellen- und Galerieansicht zu wechseln, wie man es auf dem Shop von Neckermann sehen kann (vgl. Abb. 3.20 B). Mehr zum Thema Galerie- und Tabellenansicht finden Sie bei den Empfehlungen zur Suchergebnisseite in Kapitel 3.6.2.

VERGLEICHSFUNKTION

A) Galerieansicht auf www.otto.de

Abb. 3.4 A: Galerieansicht und Tabellenansicht auf Artikelübersichtsseiten und Vergleichsfunktion

Häufig ist an dieser Stelle des Shops das bereits beschriebene **Nabe-Speiche-Verhalten** bei Nutzern zu beobachten (vgl. Kapitel 2.3.7). Die Artikelübersichtsseite ist die zentrale Seite für den Nutzer, um die **Produkte miteinander zu vergleichen.** Dafür klickt der Nutzer ein ausgewähltes Produkt an und geht mit dem Back-Button des Browsers wieder zurück auf die Artikelübersichtsseite, das nächste Produkt wird angeklickt etc. Es ist an dieser Stelle also sehr wichtig, dass die Back-Funktion des Browsers zuverlässig funktioniert. Bei langen Artikelübersichtsseiten sollte der Nutzer nicht an den Anfang der Seite, sondern genau auf das **zuletzt angeklickte Produkt** zurückspringen. Zusätzlich kann ein Link „Zurück zur Übersicht" angeboten werden.

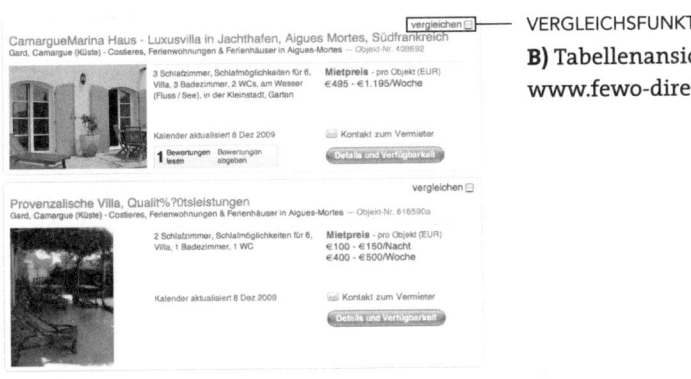

VERGLEICHSFUNKTION

B) Tabellenansicht auf www.fewo-direkt.de

Abb. 3.4 B: Galerieansicht und Tabellenansicht auf Artikelübersichtsseiten und Vergleichsfunktion

3.2.3 DIE VERGLEICHSFUNKTION

Diese Funktion unterstützt den Nutzer explizit in seinem Bemühen, die Produkte miteinander zu vergleichen, und ist besonders nützlich bei technischen Produkten (z. B. Unterhaltungselektronik, Haushaltsgeräte etc.). In Abbildung 3.4 bieten beide Shops auf der Artikelübersichtsseite eine **Vergleichsfunktion** an, die zusätzlich auch auf der **Produktdetailseite** zu finden sein sollte.

Empfehlenswert ist eine **Tabelle** der zu vergleichenden Produkte, die sich in einem neuen Fenster öffnet. Denken Sie hier nicht nur an die „Vorwärtsnavigation", sondern auch an die „Rückwärtsnavigation" (vgl. Kapitel 2.3.7). Was passiert, wenn der Nutzer ein Produkt aus dem Vergleich löscht und wieder zurück auf die Artikelübersichtsseite oder Produktdetailseite kommen will? Er muss natürlich wieder genau an die Stelle zurückgeleitet werden, von der er den Produktvergleich gestartet hat. Und: Wie kann der Nutzer auf eine erstellte Vergleichsliste wieder zugreifen, wenn er beispielsweise das Fenster mit der Tabelle aus Versehen geschlossen hat?

Natürlich sollte man in der Vergleichstabelle gleich bestellen können, aber bieten Sie zusätzlich immer eine separate **Druckfunktion** an, sodass der Kunde die Tabelle vollständig ausdrucken kann. Dann können Unentschlossene bei ihrem nächsten Besuch einfach die Artikelnummer in die Produktsuche eingeben und schnell das gewünschte Produkt bestellen.

Vergleich 3 Unterkünfte

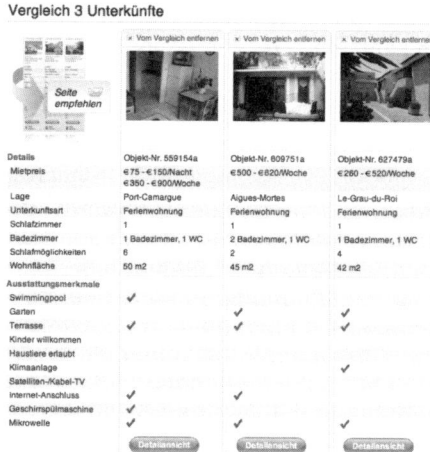

Abb. 3.5: Vergleichsfunktion bei www.fewo-direkt.de

Neben der Vergleichsfunktion gibt es eine Reihe von Funktionen, die Besucher eher indirekt beim Produktvergleich unterstützen und die ebenfalls auf der Artikelübersichtsseite angeboten werden können. Konkrete **Gestaltungsempfehlungen** finden Sie hier:

- Filterfunktion (Produktsuche: Kapitel 3.6.4)
- Sortier- und Blätterfunktion (Produktsuche: Kapitel 3.6.3)
- Merkzettel (Produktdetailseite: Kapitel 3.3.7)

3.2.4   ZUSAMMENFASSUNG

Auf den **Sortimentseinstiegsseiten** (z. B. Startseite → Mode für Sie) können stöbernde Kunden durch spielerische Bedienelemente wie Produktkarussell, virtueller Wühltisch oder virtuelle Kleiderstange angesprochen werden, während sich der zielorientierte Shopper auf die Navigationsleiste konzentriert.

Artikelübersichtsseiten (z. B. Startseite → Mode für Sie → Hosen) werden in Abhängigkeit von den Produkteigenschaften als Galerie- oder Tabellenansicht gestaltet. Die Artikelübersichtsseite ist die **zentrale Seite** für den Nutzer, um die Produkte per Nabe-Speiche-Verhalten miteinander zu vergleichen. Aus diesem Grund ist es sehr wichtig, dass die **Back-Funktion** des Browsers an dieser Stelle zuverlässig funktioniert. Die Bemühungen des Nutzers, Produkte miteinander zu vergleichen, können durch die Vergleichsfunktion, aber auch durch die Filterfunktion, Sortier- und Blätterfunktionen sowie Merkzettel unterstützt werden.

3.3 DIE PRODUKTDETAILSEITE

3.3.1 DAS LAYOUT DER PRODUKTDETAILSEITE

Im sofort sichtbaren Bereich der **Produktdetailseite** sind die wichtigsten Informationen – Produktabbildung und Kurzbeschreibung – zu präsentieren. Die **Produktabbildung** ist wichtig, damit der Besucher sofort erkennt, dass es sich um den richtigen Artikel handelt.

Aus diesem Grund sollten Sie darauf achten, dass die Abbildung der Produktdetailseite und der Artikelübersichtsseite immer identisch ist.

Alle mit dem Bild zusammenhängenden Funktionen, wie z.B. Vergrößerungsfunktion, Ansichtswechsel etc. (vgl. Kapitel 3.3.4), sind in der Nähe des Bildes zu platzieren.

Die **Kurzbeschreibung** des Artikels ist für den eiligen und entschlossenen Kunden gegebenenfalls schon ausreichend und daher sollte der Kunde gleich bestellen können. Platzieren Sie also Eingabefelder zur Auswahl von Mengen und anderen Kriterien sowie den Button „In den Warenkorb legen" in der Nähe der Kurzbeschreibung. Auch andere aktionsauslösende Buttons, wie z.B. Merkzettel etc., sollten hier platziert werden.

Der unentschlossene Kunde wird sich der ausführlichen Langbeschreibung des Produkts, Kundenbewertungen, Serviceleistungen etc. sowie Cross-Sellings (vgl. Kapitel 3.4) zuwenden. Dies sind **optionale** Informationsangebote und können im unteren Bereich der Produktdetailseite angeboten werden. Eine Darstellung über Register ist dabei raumökonomisch und gleichzeitig für den Nutzer übersichtlich. Ein exemplarisches Layout einer Produktdetailseite ist in der nachfolgenden Abbildung dargestellt:

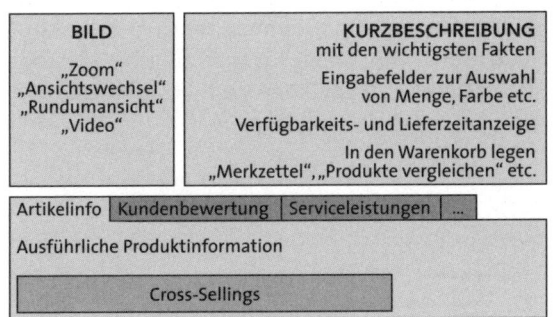

Abb. 3.6: Exemplarisches Layout einer Produktdetailseite

3.3.2   DIE ARTIKELBESCHREIBUNG

Die **Artikelbeschreibungen** sind der wichtigste Inhalt Ihres Shops. Die Usability Ihres Shops kann noch so gut sein. Wenn Ihre Produkte nicht ausführlich und medienadäquat beschrieben sind, werden Sie keinen guten Umsatz machen. Investieren Sie also Zeit und Geld in eine Datenbank mit hervorragenden Artikelbeschreibungen. Versetzen Sie sich in die Lage Ihres Kunden:

- Welche Informationen benötigt er, um sich für das Produkt entscheiden zu können?
- Anhand welcher Merkmale wird er die Produkte miteinander vergleichen? Und sind diese Merkmale hinreichend und ausführlich beschrieben?
- Überprüfen Sie an einer zufällig ausgewählten Produktgruppe, ob Sie in der Lage sind, das für Sie optimale Produkt anhand der Artikelbeschreibungen auszuwählen.

Die Artikelbeschreibungen sollten immer in **Modulen** gegliedert werden. Bieten Sie Ihrem Besucher folgende Informationen an:

- Eine aussagekräftige, prägnante Kurzbeschreibung mit den wichtigsten Fakten
- Eine detaillierte Langbeschreibung (in Volltext und/oder in Tabellenform)
- Relevante Zusatzinformationen (wie z.B. Pflegeinformationen, Wartungsinformationen, Kundenbewertungen etc.)

Abhängig von der Art des Produkts und vom Umfang kann die Kurzbeschreibung im **Volltext** formuliert sein oder aus **Aufzählungen** der wichtigsten Produktmerkmale bestehen. Damit die Produktdetailseiten nicht zu überfüllt wirken, können Sie von der Kurzbeschreibung einen **Textlink zur Langbeschreibung** anbieten. Übersichtlich und Platz sparend ist auch eine Darstellung über Register, die bei sehr umfangreichen Produktinformationen über klappbare Menüs noch weiter komprimiert werden können. Für das Textdesign (Schriftgröße, Zeilenlänge und -abstand etc.) werden ausführliche Hinweise in Kapitel 4.1.6 gegeben.

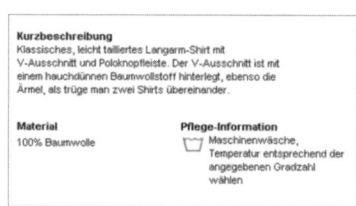

A) Artikelbeschreibung im Volltext auf www.mexx.de

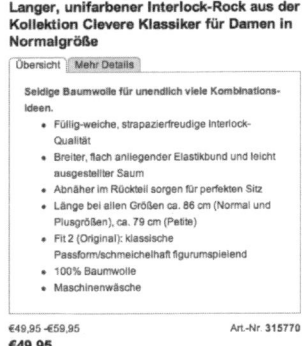

Langer, unifarbener Interlock-Rock aus der
Kollektion Clevere Klassiker für Damen in
Normalgröße

Übersicht | Mehr Details

Seidige Baumwolle für unendlich viele Kombinations-
ideen.

- Füllig-weiche, strapazierfreudige Interlock-
Qualität
- Breiter, flach anliegender Elastikbund und leicht
ausgestellter Saum
- Abnäher im Rückteil sorgen für perfekten Sitz
- Länge bei allen Größen ca. 86 cm (Normal und
Plusgrößen), ca. 79 cm (Petite)
- Fit 2 (Original): klassische
Passform/schmeichelhaft figurumspielend
- 100% Baumwolle
- Maschinenwäsche

€49,95 -€59,95   Art.-Nr. 315770
€49,95

B) Artikelbeschreibung mit
Reiter und Aufzählungen auf
www.landsend.de

C) Artikelbeschreibung mit Reiter
und Volltext auf www.cyberport.de

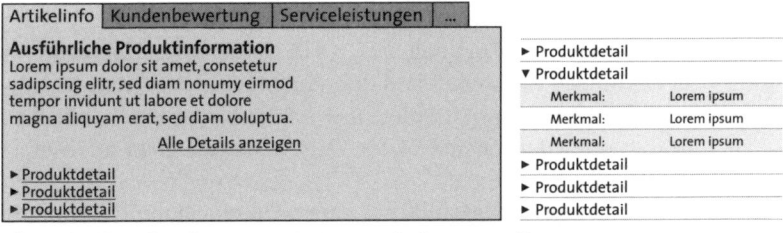

D) Artikelbeschreibung mit Reiter und Klappmenüs

Abb. 3.7: Darstellungsvarianten der Artikelbeschreibung

3.3.3 KUNDENBEWERTUNG UND PRODUKTNAHE ZUSATZINFORMATIONEN

Kundenbewertungen können eine authentische Informationsquelle für den Besucher sein. Als Shop-Betreiber müssen Sie sich vor Einführung eines solchen Systems über folgende Aspekte Gedanken machen:

- Für den Besucher haben Kundenbewertungen nur dann einen Nutzen, wenn pro Produkt eine größere Anzahl von Bewertungen vorliegt. Das heißt: **Wie wollen Sie Ihre Kunden dazu motivieren, Kundenbewertungen abzugeben?** Ohne ein Belohnungssystem wird es sehr lange dauern, bis Sie eine ausreichende Anzahl von Bewertungen in Ihrer Datenbank haben.
- **Wie sollen die Kunden bewerten?** Soll die Bewertung auf vorgegebenen Produktdimensionen per Ratingskala (z. B. 1–5 Sterne) erfolgen oder ist auch Freitext erlaubt? Freitexte haben den Vorteil, dass sie für andere Kunden sehr viele nutzwerte Informationen enthalten können, die Sie mit Ihren „offiziellen" Artikelbeschreibungen nicht abdecken können. Sie haben aber auch den Nachteil, dass sie einer redaktionellen Kontrolle bedürfen.
- **Wie wollen Sie mit schlechten Bewertungen umgehen?** Sie müssen damit rechnen, dass auch unzufriedene Kunden sich an dieser Stelle Luft machen. Schlechte Bewertungen erhöhen die Authentizität des Bewertungssystems, andererseits sind sie natürlich für das einzelne Produkt nicht gerade absatzförderlich.

Tipp: Nehmen Sie schlechte Kundenbewertungen nicht einfach aus dem System, sondern nehmen Sie sie ernst! Überprüfen Sie die Tatbestände und kommentieren Sie diese öffentlich, wenn die Kritik nicht berechtigt ist. Und: Wenn sich (berechtigte) schlechte Bewertungen häufen, sollten Sie tatsächlich überlegen, das Produkt aus dem Sortiment zu nehmen.

Bei der formalen Darstellung von Kundenbewertungen hat sich ein **Sternchen-System** etabliert (vgl. Abb. 3.7 C). Sollte eine sehr große Anzahl von Bewertungen vorhanden sein, dann sind Sortierungs- oder Filterfunktionen sinnvoll. Dies kann per Pulldowns erfolgen oder über einfache Textlinks, wie es z.B. Amazon macht (→ Weitere Rezensionen anzeigen: 5 Sterne, 4 Sterne).

Die neuen Modetrends auf einem Online-Shop für Damenbekleidung oder die schönsten Bike-Touren in den Alpen auf einem Fahrrad-Shop sind typische Beispiele für **produktnahe Zusatzinformationen.** Dieser Content kann von Ihnen zentral erstellt und gepflegt werden, das ist jedoch personalintensiv und damit recht teuer. Er kann von Drittanbietern eingekauft werden (Content Syndication) oder – und das ist gerade der Trend – Sie lassen den Content von den Nutzern erstellen. **User Generated Content** ist hier das Stichwort.

Der Mode-Shop kann seine Kundinnen auffordern, ihre Lieblings-Styles einzustellen. Kunden des Bike-Shops beschreiben ihre schönsten Touren und erhalten vom Shop dafür Gutscheine oder Prämien. Der Fantasie sind keine Grenzen gesetzt.

Überlegen Sie einmal selbst: Welche produktnahen Zusatzinformationen könnten für Ihre Besucher interessant sein? Was können Ihre Kunden dazu beitragen, um dieses Informationsbedürfnis zu decken?

3.3.4   PRODUKTABBILDUNGEN UND PRODUKTVIDEOS

Produktabbildungen sind ebenso wie die Artikelbeschreibungen das Herzstück eines Online-Shops. Sie müssen das fehlende haptische Erlebnis bei einem Online-Kauf so gut wie möglich ausgleichen. Bilder sind übrigens auch die Gestaltungselemente auf einem Shop, die den wahrgenommenen Joy of Use (vgl. Kapitel 1.2) der Besucher maßgeblich beeinflusst. Über den geschickten Einsatz von Bildern können Sie Ihrem Shop ein unverwechselbares Profil geben und die Nutzungsfreude steigern.

Dass sich das Bild mit einem Klick vergrößert, ist heute eine Selbstverständlichkeit für die Besucher. Darüber hinaus können Produktabbildungen noch mit folgenden Funktionen angereichert werden:

- Ansicht wechseln und Rundumansicht
- Dynamische Zoomfunktion
- Bewegtbilder

ANSICHT WECHSELN UND RUNDUMANSICHT

Welche Ansichten und wie sie diese anbieten, sollte von den **Produkteigenschaften** abhängen. Auch hier gilt: Versetzen Sie sich in die Lage des Nutzers. Bei einem Bekleidungsstück ist es besonders wichtig, die unterschiedlichen Farbvarianten des Kleidungsstücks zu sehen, während bei einem Laptop unterschiedliche Perspektiven, im offenen und geschlossenen Zustand etc., interessieren. Gestalterisch kann der **Ansichtswechsel** über kleinere Vorschaubilder mit oder ohne Bildlaufleiste umgesetzt werden (Abb. 3.8 A). Es scheint zwar selbstverständlich, aber leider in der Praxis nicht immer der Fall: Die Motive der Vorschaubilder sollten immer eindeutig zu erkennen sein.

Unterscheiden sich die Artikel lediglich in der Farbe (oder einem anderen einzelnen Kriterium wie z.B. Material), dann kann der Ansichtswechsel zu den verschiedenen Farbvarianten auch über die direkte Auswahl einer Farbkachel erfolgen (vgl. Abb. 3.8 B). Verbale Farbbeschreibungen lösen ganz unterschiedliche Assoziationen beim Nutzer aus (Rosa kann eher ins grelle Pink oder ins zarte Baby-Rosa gehen). Und sie sind nicht immer verständlich und eindeutig, oder wissen Sie, welche Farbe sich hinter „Mauve" verbirgt? Über die direkte Visualisierung der Farbauswahl in der Produktansicht werden beide Probleme gelöst.

Eine 360-Grad-**Rundumansicht** ist eigentlich nichts anderes als eine Dynamisierung des Ansichtswechsels, die dem Nutzer einen stufenlosen Perspektivenwechsel erlaubt. Ein Perspektivenwechsel per **Schieberegler** ist empfehlenswert (vgl. Abb. 3.8 C). In Studien hat sich gezeigt, dass insbesondere unerfahrene Nutzer damit besser zurechtkommen, als wenn sie das Objekt mit der Maus direkt „greifen und bewegen" müssen (vgl. AJAX & Co unter der Usability-Lupe 2007, http://eresult.de/studien_artikel/studien baende/studie_ajax_2007.html).

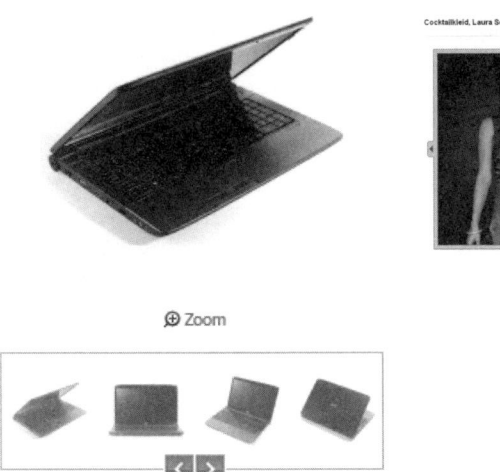

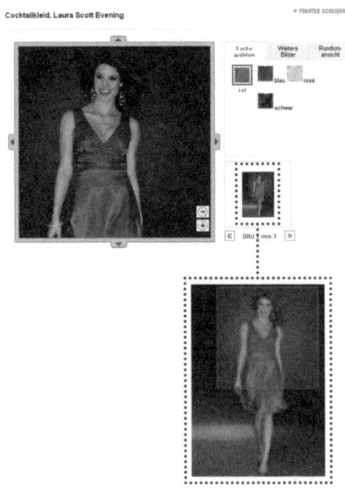

A) Ansichtswechsel mit Vorschaubildern und Bildlaufleiste auf www.cyberport.de

B) Ansichtswechsel per Farbauswahl und Blätterfunktion, dynamische Zoomfunktion auf www.otto.de

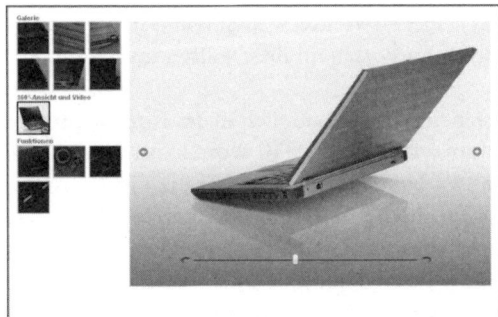

C) Rundumansicht mit Schieberegler auf www.dell.com

Abb. 3.8: Ansichtswechsel, Rundumansicht und (dynamische) Zoomfunktion bei Produktabbildungen

DYNAMISCHE ZOOMFUNKTION

Dynamische Zoomfunktionen erlauben dem Nutzer mehr als nur einen Klick auf das Bild. Per Schieberegler bestimmt der Kunde selbst, wie stark das Bild vergrößert werden soll. Hier haben sich das „+" und „-" als eindeutige Symbole zur Anzeige der Funktion etabliert.

Noch interaktiver: Der Nutzer kann per Klick auf die Pfeile am Rand des großen Bildes oder per Ausschnittsfenster auch noch den zu vergrößernden Bereich flexibel bestimmen (Abb. 3.8 B).

BEWEGTBILDER

Durch YouTube & Co. haben Videos und Bewegtbilder Einzug in den Web-Alltag gehalten. Die Darstellung des Produkts im Nutzungskontext kann gerade bei erklärungsbedürftigen Produkten einen hohen Nutzwert bieten. Aber auch im Mode-Bereich kann ein Video sehr viel authentischer als ein statisches Bild vermitteln, wie das Kleidungsstück in Natura wirkt und fällt.

Es gibt erste Hinweise darauf, dass Produkt-Videos einen direkten Effekt auf den Umsatz eines Shops haben.

So hat der Versandhändler Baur in einem Testlauf Shop-Besuchern Produktdetailseiten mit oder ohne Videos eingespielt (sog. Multivariate Tests, vgl. Kapitel 5.12). Rund 1.000 Videos hat das Unternehmen von einem Dienstleister bezogen und mit rund elf Euro Mitteleinsatz rund 100 Euro mehr Umsatz gemacht (vgl. Päßler 2009).

Tipp: Überprüfen Sie zum Beispiel mithilfe einer Online-Befragung (Kapitel 5.4), für welche Produktgruppen Ihres Shops Bewegtbilder einen echten Mehrwert generieren können, und setzen Sie diese für ausgewählte Produktgruppen testweise ein. Achten Sie darauf, dass die Produktvideos nicht zu lang werden; sie sollten nicht länger als drei Minuten dauern (vgl. Ludewig 2009).

3.3.5   FORMULAR- UND BUTTONGESTALTUNG AUF DER PRODUKTDETAILSEITE

Bei der Gestaltung von **Formularfeldern** auf der Produktdetailseite sollten Sie aus Platzgründen nicht versuchen, mehrere Kriterien (z.B. Farbe und

Größenauswahl) in einem Auswahlfeld unterzubringen. Das führt nur zu unnötig komplexen Menü-Einträgen. Ordnen Sie also jedem Kriterium sein eigenes Formularfeld zu.

Pulldown-Menüs, aber auch Auswahlfelder haben sich mittlerweile etabliert. **Auswahlfelder** haben den Vorteil, dass sowohl Farben und Muster als auch alle verfügbaren Größen ohne weiteren Klick angezeigt werden (vgl. Abb. 3.9 C). Überlegen Sie ebenfalls, ob Ihre Kunden häufig von ein und demselben Artikel unterschiedliche Größen- und Farbvarianten bestellen (z. B. zur Anprobe einen BH in Schwarz und Weiß in Größe 75B und 75C). In dem Fall erleichtern Sie eine Bestellung, indem gleichzeitig mehrere Pulldowns angeboten werden (vgl. Abb. 3.9 A).

„In den Warenkorb" ist der **wichtigste Button** auf der Produktdetailseite. Er sollte immer im sofort sichtbaren Bereich in der Nähe der Formularfelder platziert und aufmerksamkeitsstark gestaltet sein. Man kann mit auffälligen Signalfarben, z. B. in Orange (vgl. Abb. 3.9 B), Farbkontrasten (z. B. wie in Abb. 3.9 C mit grauem Hintergrund und grünem Button), der Größe des Buttons sowie der Sättigung (wie in Abb. 3.9 D) arbeiten.

Auswahl von Größe und Farbe mit Pulldowns

A)

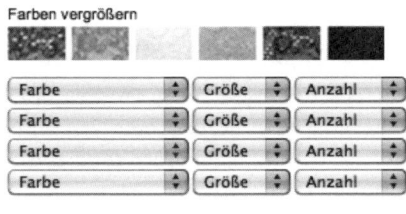

B)

(Quelle: www.neckermann.de)

Auswahl von Größe und Farbe mit Auswahlfeldern/Buttongestaltung

C)

Neue Kollektion
Kleid

Dieses lässig-elegante Kleid in fantastischem Material
umschmeichelt die Haut und hat einen tollen Fall. Mit kleinen
Steinträgern an der Knopfleiste, zarter Kräuselung an
Schulterpasse und Ärmelansatz sowie einem Tunnelzugband
auf Hüfthöhe.

Material : 55% Seide | 45% Baumwolle

Pflegehinweise

Farben : ■ ▦

Größen: 32 34 [36] 38 40 42 44 ❶ Größentabelle

Artikelnummer: AY109A

♥ Wunschliste   89,95 €

D)

▤ MERKEN   🛒 IN DEN WARENKORB

▤▤ VERGLEICHEN   ✉ WEITEREMPFEHLEN

☆ JETZT BEWERTEN und 100,- € gewinnen!

(Quelle: www.otto.de)

(Quelle: www.mexx.de)

Abb. 3.9: Formular- und Buttongestaltung auf der Produktdetailseite

3.3.6 VERFÜGBARKEITS- UND LIEFERZEITANZEIGE

Die **Verfügbarkeits- und Lieferzeitanzeige** ist für den Besucher eine sehr wichtige Information. Im Idealfall wird die Information bereits auf der Produktdetailseite automatisch angezeigt, wie man es hier sehen kann:

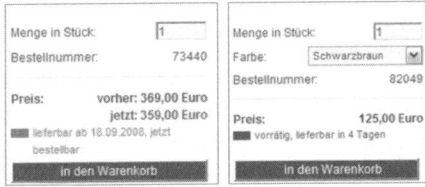

Abb. 3.10: Verfügbarkeits- und Lieferzeitanzeige auf www.manufactum.de

Nicht optimal: Eine Systemrückmeldung, erst **nachdem** der Nutzer sich für ein Produkt entschieden hat und das Produkt in den Warenkorb oder Merkzettel legen möchte.

Stellen Sie sich die Situation vor, dass es einen Artikel in vier Farben und drei Größen gibt. Dann kann der arme Kunde möglicherweise bis zu zwölf unterschiedliche Varianten auf ihre Verfügbarkeit überprüfen, bis er einen sofort lieferbaren Artikel gefunden hat.

Ein nicht lieferbarer Artikel frustriert den Nutzer. Bieten Sie ihm deshalb **Lösungen** an: Beispielsweise könnten Sie ihm einen E-Mail-Service offerieren und ihn informieren, sobald der Artikel wieder verfügbar ist. Platzieren

Sie die Verfügbarkeits- und Lieferzeitanzeige in der Nähe der wichtigsten Produktinformationen.

3.3.7 DER MERKZETTEL

Der **Merkzettel** kann sowohl auf der Artikelübersichtsseite als auch auf der Produktdetailseite angeboten werden und unterstützt den Online-Shopper beim **Produktvergleich.** Nach dem Klick auf den Merkzettel-Button sollte der Nutzer auf einer Zwischenseite mit einer Rückmeldung „Sie haben den Artikel in den Merkzettel gelegt" gelangen. An dieser Stelle kann auch aufmerksamkeitsstark auf Cross-Sellings hingewiesen werden (vgl. Kapitel 3.4). Die Merkzettelfunktion sollte grundsätzlich für alle Besucher nutzbar sein. Eine Einschränkung auf registrierte User oder Kundenkarten-Besitzer ist nicht empfehlenswert. Als Anreiz für eine Registrierung können Sie jedoch das Speichern von Merkzetteln auf den registrierten Nutzerkreis beschränken.

Tipp: Verknüpfen Sie doch einfach den Merkzettel mit einer Weiterempfehlungsfunktion, sodass dieser an Bekannte und Freunde weitergeleitet werden kann. Dann haben Sie gleich auf einen Schlag auch einen „Wunschzettel".

3.3.8 ZUSAMMENFASSUNG

Im sofort sichtbaren Teil der **Produktdetailseite** müssen die Produktabbildung sowie die Kurzbeschreibung des Artikels zu sehen sein. Eingabefelder und aktionsauslösende Elemente wie der „In den Warenkorb legen"-Button sind in die Nähe der Kurzbeschreibung zu platzieren. Optionale Informationsangebote wie Langbeschreibung, Kundenbewertungen, Serviceleistungen, Cross-Sellings gehören in den unteren Teil der Produktdetailseite und können z.B. über Register dargestellt werden.

Die **Artikelbeschreibungen** sind der wichtigste Inhalt des Shops und müssen die kaufentscheidenden Informationen aus Sicht des Kunden enthalten. Die Beschreibungen sollten in Modulen gegliedert sein: Kurzbeschreibung, Langbeschreibung und relevante Zusatzinformationen.

Vor Einführung eines **Kundenbewertungssystems** müssen Sie sich Gedanken machen über die Incentivierung, die Art der Bewertung und den Umgang mit schlechten Kundenbewertungen. Über ein Sternchen-System, das mit Sortierungs- und Filterfunktionen eingrenzbar ist, können die Kundenbewertungen dargestellt werden. Produktnahe Zusatzinformationen können über Content Syndication oder User Generated Content generiert werden.

Neben einer einfachen Vergrößerungsfunktion per Klick auf die **Produktabbildung** kann ein Shop dem Nutzer ermöglichen, die „Ansicht" zu wechseln (über Vorschaubilder oder direkt über die Auswahl eines Kriteriums wie z. B. Farbkacheln), eine Rundumansicht (Perspektivenwechsel am besten per Schieberegler) und eine dynamische Zoomfunktion zu aktivieren sowie Bewegtbilder/Videos vom Produkt anzusehen.

Bei Farb-, Mengen- oder Größenauswahl muss jedem Kriterium ein **eigenes Formularfeld** zugeordnet werden. „In den Warenkorb" ist der wichtigste Button auf der Produktdetailseite. Er sollte immer im sofort sichtbaren Bereich, in der Nähe der Formularfelder platziert und aufmerksamkeitsstark gestaltet sein.

Die **Verfügbarkeits- und Lieferzeitanzeige** sollte bereits auf der Produktdetailseite in der Nähe der wichtigsten Produktinformationen angezeigt werden.

Der **Merkzettel** kann sowohl auf der Artikelübersichtsseite als auch auf der Produktdetailseite angeboten werden und unterstützt den Online-Shopper beim Produktvergleich.

3.4 CROSS-SELLING

Der Schal zum Mantel oder der zusätzliche Speicher-Chip zur Digitalkamera sind typische Beispiele für Cross-Sellings. Der zielorientierte Besucher soll nicht nur das kaufen, was er benötigt, sondern zu zusätzlichen Spontankäufen animiert werden. Diese kaufanregende Wirkung kann sich natürlich nur entfalten, wenn die angebotenen Cross-Selling-Artikel einen deutlichen Produktbezug haben. Eine WC-Sitzbrille auf der Produktdetailseite eines MP3-Players wird mit Sicherheit keine Akzeptanz beim Nutzer finden.

Bieten Sie Cross-Sellings also nur dann an, wenn Ihr Back-End-System eine sinnvolle Steuerung passender Artikel leisten kann.

3.4.1 DIE PLATZIERUNG VON CROSS-SELLINGS

Einerseits sollen die Cross-Sellings kaufanregend sein, andererseits den Nutzer nicht von seinem **ursprünglichen Kaufentscheidungsprozess** ablenken. Es stellt sich also die Frage: Wo sind die Cross-Sellings am besten zu platzieren?

Schauen wir uns den typischen Entscheidungsprozess auf einem Online-Shop an (vgl. Abb. 3.11):

71

PHASE 1: „PRODUKTE SUCHEN"

Die Nutzer kommen auf den Shop und beginnen über die Produktsuche und Hauptnavigation mit der Produktrecherche. In dieser Phase sollte alles dafür getan werden, dass der Besucher zur gewünschten Produktgruppe findet. Bieten Sie also auf Artikelübersichtsseiten oder Suchergebnisseiten **keine** Cross-Sellings an, sie würden den Nutzer nur stören und unnötig ablenken.

PHASE 2: „PRODUKTE BEWERTEN UND VERGLEICHEN"

Im weiteren Verlauf des Aufenthalts werden einzelne Produkte näher betrachtet und miteinander verglichen. Die Produktdetailseite und eine ggf. angebotene Vergleichsfunktion sind in dieser Phase die **wichtigsten** Shop-Bereiche. An diesen Stellen können Cross-Sellings einen nutzwerten Inhalt darstellen. Sie sollten jedoch darauf achten, dass die Cross-Sellings nicht zu aufmerksamkeitsstark und **eher dezent gestaltet** sind. Im Fokus muss immer das eigentlich gesuchte Produkt stehen.

Anmerkung: Phase 1 und 2 sind selten lineare Abfolgen. Häufig durchlaufen Nutzer während eines Shop-Aufenthalts mehrere Such-Vergleich-Bewertungsschleifen („Oder doch keine schwarze Jeans, ich gucke mal nach schwarzen Chino-Hosen").

PHASE 3: „PRODUKTE AUSWÄHLEN"

Hat sich der Nutzer für ein Produkt entschieden, dann legt er es je nach individueller Gewohnheit in den Warenkorb oder Merkzettel. Zu diesem Zeitpunkt ist eine vorläufige Kaufentscheidung für ein Produkt gefallen und der Besucher ist jetzt besonders **offen für sinnvolle Zusatzangebote**. Nach dem Klick auf den Warenkorb- oder Merkzettel-Button sollte es eine Zwischenseite geben, in der Feedback über die erfolgreiche Aktion gegeben und aufmerksamkeitsstark **auf Cross-Sellings hingewiesen** wird.

PHASE 4: „PRODUKTE BESTELLEN"

Letztendlich begibt sich der Besucher in den Checkout zur endgültigen Bestellung. Und jetzt sollten Sie wieder alles unterlassen, was den Nutzer von diesem Vorhaben ablenken könnte. Das bedeutet: Keine Cross-Sellings mehr im **gesamten Checkout-Prozess.**

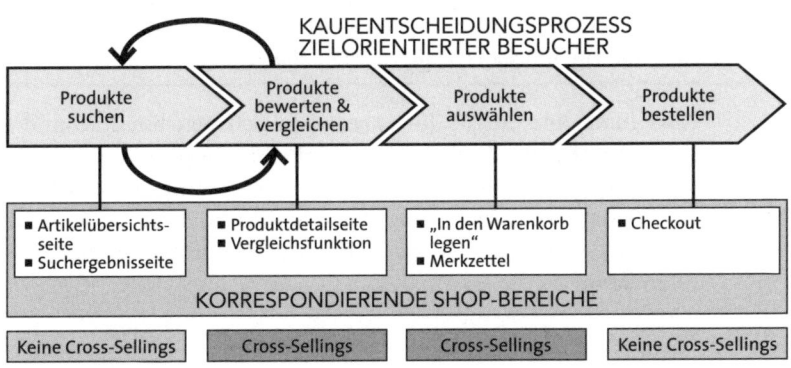

Abb. 3.11: Kaufentscheidungsprozess und Cross-Sellings

3.4.2   DIE GESTALTUNG VON CROSS-SELLINGS

CROSS-SELLINGS AUF DER PRODUKTDETAILSEITE

Relevante Produktinformationen, Auswahlfelder wie z.B. Stückzahl, Größe etc. sowie die wichtigen Buttons müssen immer im sofort sichtbaren, aufmerksamkeitsstärksten Bereich platziert sein. Erst im unteren Bereich der Produktdetailseite finden sich die Cross-Sellings. Um nicht zu stark von dem Hauptprodukt abzulenken, sollten die Bilder **deutlich kleiner** sein. Auch kann durch eigenständige Navigationsfunktionen angezeigt werden, dass ein Bereich anfängt, der nicht mehr unmittelbar zum Hauptprodukt gehört (vgl. Blätterfunktion bei den Cross-Sellings, Abb. 3.12).

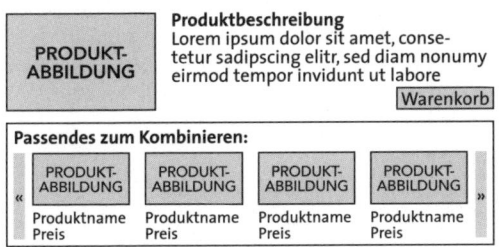

Abb. 3.12: Cross-Sellings mit Blätterfunktion

Bei Abbildungen, die das Produkt in einem Nutzungskontext mit anderen Artikeln darstellen, können Sie unterhalb des Bildes zusätzlich **Textlinks** anbieten. Stellen Sie diese Artikel **nicht** nochmals bildlich dar. Die Bildinformation wird ja schon in der Abbildung des Hauptprodukts gegeben und ist von dem Nutzer wahrgenommen worden.

Denken Sie daran, dass jedes zusätzliche Bild auf der Produktdetailseite vom eigentlichen Hauptprodukt ablenkt.

Ausnahme: Ihre Cross-Sellings beziehen sich ausschließlich und unmittelbar auf **sichtbare Artikel der Produktabbildung und** sie verfügen über **hochwertige, freigestellte Bilder.** Dann besteht nicht die Gefahr, dass die Produktdetailseite zu unübersichtlich wird, und die freigestellten Bilder bieten einen Nutzwert, da sie zuvor nicht erkennbare Details der Abbildung offenbaren:

Abb. 3.13: Cross-Sellings „Weitere Artikel auf diesem Bild" auf www.neckermann.de

Im Idealfall unterstützen Sie den Nutzer dabei, das Cross-Selling-Produkt möglichst einfach mitzubestellen. Handelt es sich um typische **„Mitnahmeartikel"** (z. B. die Maus zum Laptop, die Glühbirne zur Lampe etc.), dann sollten Sie dem Nutzer den Umweg über die Produktdetailseite ersparen, z. B. per Checkbox:

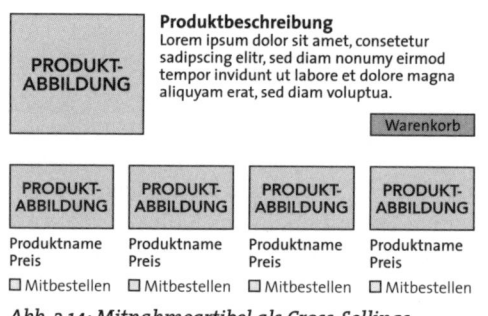

Abb. 3.14: Mitnahmeartikel als Cross-Sellings

CROSS-SELLINGS AUF DEN ZWISCHENSEITEN „IN DEN WARENKORB LEGEN" UND „MERKZETTEL"

Zu diesem Zeitpunkt des Kaufentscheidungsprozesses ist der Nutzer offen für neue bzw. ergänzende Angebote. Die Cross-Sellings stören keinen Suchprozess und können aufmerksamkeitsstark platziert werden. Aber natürlich gilt auch hier: Die Rückmeldung über die **erfolgreiche Nutzeraktion** (Produkt in den Warenkorb bzw. Merkzettel gelegt) **hat Priorität** und muss eindeutig sein. Zwei positive Beispiele sind in der folgenden Abbildung zu sehen.

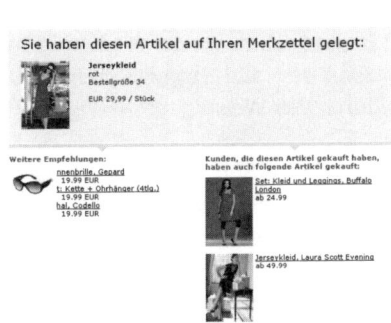 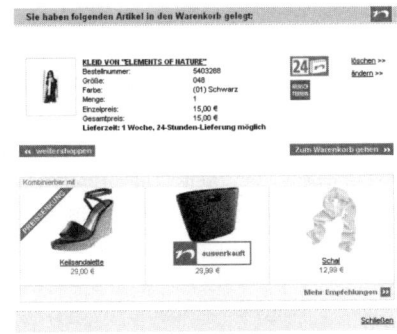

Zwischenseite „Merkzettel" auf www.otto.de

Zwischenseite „In den Warenkorb legen" auf www.neckermann.de

Abb. 3.15: Cross-Sellings auf der Zwischenseite „In den Warenkorb legen" und „Merkzettel"

3.4.3   ZUSAMMENFASSUNG

Sie sollten Cross-Sellings nur dann anbieten, wenn Ihr Back-End-System eine sinnvolle Steuerung passender Artikel leisten kann. Cross-Sellings sollten **nicht** auf Suchergebnisseiten, Artikelübersichtsseiten und auch nicht im Checkout-Prozess (Warenkorb → Bestellbestätigung) angeboten werden. Dezent gestaltet (z. B. über Textlinks) können sie auf der Produktdetailseite und auf einer ggf. angebotenen Vergleichsfunktion präsentiert werden. Aufmerksamkeitsstark (mit Bildern) können Cross-Sellings auf den Zwischenseiten nach einem Klick auf den Button „Merkzettel" oder „In den Warenkorb legen" dargestellt werden.

3.5 DIREKTBESTELLUNG UND KATALOG ANFORDERN

Viele Online-Shops haben auch einen Printkatalog. Und Kunden nutzen das Internet gerne dazu,

- um im Printkatalog zu stöbern, Produkte zu vergleichen und auszuwählen, jedoch per Internet zu bestellen,
- im Internet den aktuellen Katalog zu bestellen.

Beide Funktionen gehören also auf die **Startseite** des Shops. Hier gibt es zwei Strategien, wie Nutzer vorgehen. Ein Teil der Besucher gibt die Bestellnummer direkt in die Suchmaske der Produktsuche ein. Ein anderer Teil sucht ein Formular auf dem alle ausgewählten Artikel eingetragen werden können, ohne durch das Webangebot navigieren zu müssen.

Je nach Stellenwert der **Direktbestellung** sollten Sie bereits auf der Startseite ein Formulareingabefeld anbieten (vgl. Abb. 3.16 B). Denn Eingabefelder sind **visuelle Hotspots** und ziehen die Aufmerksamkeit der Nutzer stark auf sich (vgl. Kapitel 2.2.4). Hat die Direktbestellung eine eher geringe Bedeutung für den Umsatz, dann kann auch nur ein Link angeboten werden (Abb. 3.16 A). Sehr wichtig ist die **erwartungskonforme Benennung** der Funktion. Für die Nutzer eindeutig sind z. B.:

- Direktbestellung
- Direkt bestellen
- Online-Bestellschein
- Bestellnummer direkt eingeben

Da sowohl die Direktbestellung als auch die Kataloganforderungen den katalogaffinen Teil Ihrer Kundschaft anspricht, sollten beide Funktionen räumlich nah zueinander platziert werden (vgl. Gesetz der Nähe in Kapitel 2.2.5 und Abb. 3.16 A).

Die Eingabe der Bestellnummern in die **Produktsuche** sollte einwandfrei funktionieren und fehlertolerant sein. So sollte es keinen Einfluss auf das Suchergebnis haben, wenn der Nutzer die Nummer z. B. mit oder ohne Bindestrich eingibt.

Weisen Sie durch ein Beispiel **im** oder **unterhalb des Eingabefelds** darauf hin, dass die direkte Eingabe der Bestellnummer in die Produktsuche möglich ist (vgl. Abb. 3.16 C und 3.16 D). Eine zusätzliche Artikelsuche verwirrt den Nutzer und ist **nicht notwendig**.

A) Links auf der Startseite auf www.neckermann.de

Aus dem Katalog

Bestellnummer direkt eingeben

Katalog anfordern

B) Direkte Formulareingabe auf www.manufactum.de

Direkt bestellen

Bestellnummer	Menge	Größe
		🗑

Bestellformular	zur Kasse

C) Produktsuche und Direktbestellung auf www.neckermann.de

Suche

	≫

Begriff/Bestellnr., z.B. 8181/129

D) Eingabebeispiel innerhalb des Suchfeldes

Produkt oder Bestellnr. eingeben	Suchen

Abb. 3.16: Direktbestellung und Kataloganforderung

3.6 DIE PRODUKTSUCHE

Je nach Branche und Anbieter kann die Produktsuche schon mal für 80–90 % des Umsatzes verantwortlich sein. Das heißt, die Kunden steigen direkt über die Produktsuche in das Angebot ein, finden die gewünschten Produkte und kaufen diese, ohne beispielsweise die Hauptnavigation genutzt zu haben. Mithilfe von **Web-Analytic-Tools** (vgl. Kapitel 5.11) können Sie genau herausfinden, welche Bedeutung die Produktsuche für Ihren Shop hat und welche „Trampelpfade" die meisten Umsätze generieren. Überprüfen Sie ebenfalls einmal, wie gut Ihre Suche funktioniert, indem Sie zum Beispiel die Treffer je Suchanfrage, die Not-Found-Anfragen, Abbruchquoten je Suchanfrage oder die meistgesuchten Begriffe analysieren. Egal, ob es nun 30 % oder 80 % sind: Die Produktsuche ist eines der wichtigsten Navigationselemente eines Shops und sollte deshalb mit viel Umsicht gestaltet werden.

3.6.1 DIE SUCHMASKE

Die Suchmaske wird entweder im **oberen linken Teil oder im oberen mittleren bzw. rechten** Teil des Shops erwartet (vgl. Wilhelm 2005). Eine Platzierung im oberen rechten Teil hat bei einer horizontalen Registernavigation mit Layern den Vorteil, dass sie garantiert immer sichtbar bleibt und z.B. nicht durch einen nach unten klappenden Layer verdeckt wird.

In die Produktsuche muss immer die **direkte Eingabe einer Artikelnummer** beispielsweise aus dem Printkatalog möglich sein und dieses durch ein Beispiel unterhalb oder innerhalb des Suchschlitzes verdeutlicht werden (vgl. Kapitel 3.5).

In manchen Shops wird der Bereich unterhalb oder oberhalb der Suche dazu genutzt, die Top-Suchbegriffe darzustellen. Verzichten Sie darauf. In Studien haben wir festgestellt, dass die Top-Suchbegriffe weder gewünscht, noch verstanden oder genutzt werden. Sie machen die Sucheingabe also nur unübersichtlicher und bieten dem Besucher keinen Mehrwert.

Eine gute Suche muss darüber hinaus **fehlertolerant** bei Rechtschreibfehlern oder anderen Schreibweisen sein (z.B. Esstisch/Eßtisch). Es sollte sich auch nicht auf die Qualität der Suchergebnisse auswirken, ob der Nutzer das Produkt in Einzahl/Mehrzahl oder Synonymen eingibt (z.B. Laptop/ Notebook).

Um den Nutzer bei seiner Suche zu unterstützen, können Sie eine **Vorschlagsfunktion** anbieten, die mittlerweile von den meisten Online-Shoppern erwartet wird. Durch die automatische Vervollständigung des Suchbegriffs spart der Nutzer bei der Eingabe Zeit, und eine korrekte Schreibweise bzw. Bezeichnung des Produkts wird ebenfalls garantiert.

Bei der Gestaltung ist es wichtig, dass die Vorschlagsfunktion **schnell** auf die Eingaben des Nutzers reagiert. Die **Anzahl der Suchtreffer** sollte unbedingt hinter jedem vorgeschlagenen Suchbegriff angezeigt werden, da dies von den Nutzern erwartet wird.

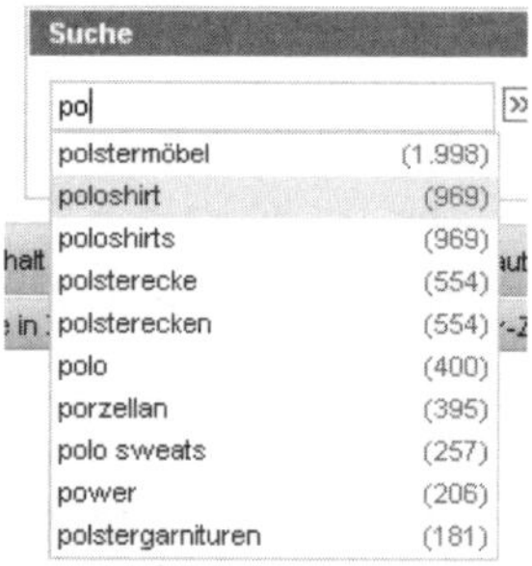

A) Vorschlagsfunktion nach Schreibweise auf www.neckermann.de

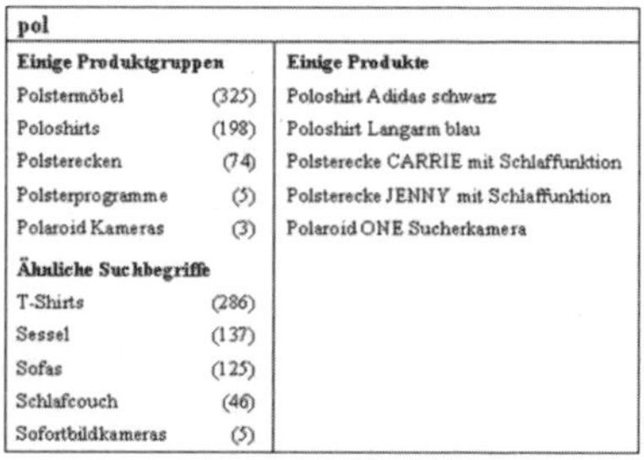

B) Vorschlagsfunktion mit thematisch verwandten Suchbegriffen (vgl. Brand-Sassen 2009)

Abb. 3.17: Die Vorschlagsfunktion bei der Produktsuche

Die Vorschlagsfunktion in der Produktsuche hat übrigens auch großes Cross-Selling-Potenzial. Denn Sie geben dem Besucher einen Überblick über andere Bereiche des Sortiments, die er eigentlich gerade nicht sucht. Weiter ausbauen können Sie dieses Potenzial, indem Sie nicht nur Produkte und Produktgruppen anbieten, die mit den gleichen Buchstaben anfangen, sondern **thematisch** passen. Wenn jemand nach „Poloshirts Hilfiger" sucht, dann interessiert er sich vielleicht auch für T-Shirts, Poloshirts von Lacoste oder Golfschläger. Sie geben dem Besucher Ideen für seine Produktsuche und schaffen einen Mehrwert für Ihren Kunden.

3.6.2 DIE SUCHERGEBNISSEITE

BILDER AUF DER ERGEBNISSEITE: GALERIEANSICHT VS. TABELLENANSICHT

Die Suchergebnisseite kann die Treffer als Tabelle oder als Galerie anzeigen. Bei der **Tabellenansicht** sind die Bilder der gefundenen Produkte linksbündig untereinander platziert. Diese Art der Darstellung hat den Vorteil, dass rechts vom Bild viel Raum für **Produktbeschreibungen** zur Verfügung steht.

Bei der **Galerieansicht** stehen die **Produktbilder** der Suchtreffer im Vordergrund, indem sie wie Kacheln in einem Raster präsentiert werden. Im Vergleich zur Tabellenansicht können auf einer Bildschirmseite deutlich weniger Treffer dargestellt und pro Produkt kann nur relativ wenig Text untergebracht werden.

In den Kapiteln 2.2.3 und 2.2.4 haben wir über die Mechanismen des **visuellen Guidings** gesprochen. Wie wirkt sich die unterschiedliche Darstellung auf die Aufmerksamkeitsverteilung des Nutzers aus? Die Antwort auf diese Frage kann man gut in Abbildung 3.18 erkennen. Die kleinen Hügelchen visualisieren die Blickkontaktdauer pro Website-Element, d.h. je höher der Hügel, desto länger haben die Nutzer auf dieses Element geschaut. Wir können erkennen, dass sich bei der Galerieansicht die Aufmerksamkeit der Besucher recht gleichmäßig auf alle neun Treffer verteilt, während bei der Tabellenansicht vor allem der zweite, dritte und letzte Treffer eine sehr lange Blickkontaktdauer erhalten. Auch konzentrieren sich die Blicke vor allem linksseitig auf die Bilder und die Texte haben nur eine Chance wahrgenommen zu werden, wenn das korrespondierende Bild Interesse geweckt hat.

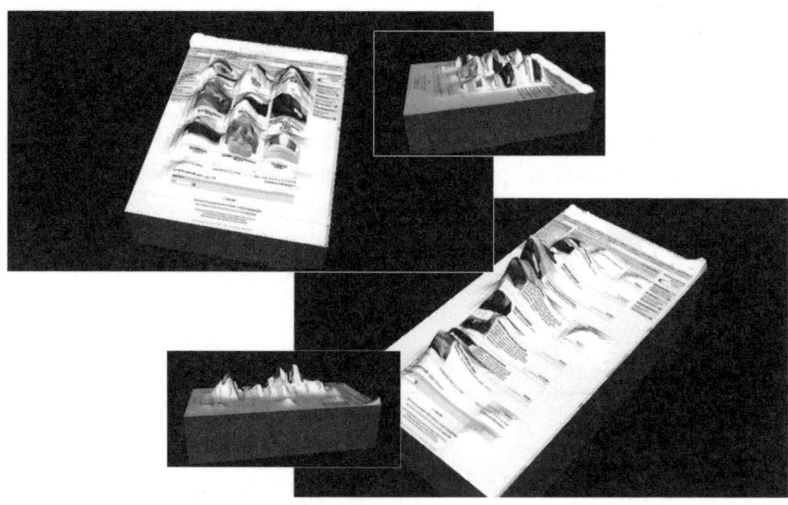

Abb. 3.18: Exemplarische Aufmerksamkeitsverteilung Galerieansicht vs. Tabellen-ansicht bei Suchergebnisseiten (Quelle: eResult GmbH)

KONSEQUENZEN FÜR DAS DESIGN

Eine Galerieansicht empfiehlt sich für Sortimente, bei denen der **visuelle Eindruck** für die Kaufentscheidung von hoher Bedeutung ist (z.B. eine Suchergebnisseite mit T-Shirts) und alle Treffer eine gleich hohe Chance haben sollen, wahrgenommen zu werden. Sind die Abbildungen als Entscheidungskriterium **nicht so relevant,** sondern sollen lediglich das Produkt illustrieren und den Nutzer dabei unterstützen, das relevante Produkt zu identifizieren (z.B. eine Suchergebnisseite mit Küchenmessern), dann eignet sich eher eine Tabellenansicht. Befragt man die Nutzer, dann zeigt sich für Sortimente wie Wohnen und Bekleidung eine deutliche Präferenz für die Galerieansicht, während beim Technik-Sortiment die Tabellenansicht bevorzugt wird. Optimal ist es, wenn Sie dem Besucher – genauso wie bei der Artikelübersichtsseite – einen **Wechsel zwischen Tabellen- und Galerieansicht** anbieten (vgl. Abb. 3.19).

Eine **Vergrößerungsfunktion** für die Bilder ist sowohl bei der Galerie- als auch bei der Tabellenansicht sinnvoll. Zeigen Sie die Funktion mithilfe eines Lupen-Symbols an. Wichtig: Die Bilder sollten sich **per Klick** (und nicht durch Mausberührung) auf die Abbildung und die Lupe vergrößern. Die Nutzer sind den Klick auf die Abbildung gewöhnt und eine Vergrößerung durch Mouse-Over führt dazu, dass die Funktion häufig unbeabsichtigt aktiviert wird.

So verführerisch es ist: Bitte **keine Cross-Sellings** auf der Ergebnisseite –
erst recht nicht im oberen Suchergebnisbereich, z.B. oberhalb der ersten
Treffer. In Studien stellen wir immer wieder fest, dass die Besucher Kaufanregungen an dieser Stelle als störend empfinden, insbesondere wenn die
Cross-Sellings sehr bilddominant gestaltet sind (vgl. auch die Ausführungen in Kapitel 3.4).

**Wenn Sie unbedingt Cross-Sellings an dieser Stelle anbieten möchten,
dann bitte dort, wo sie den suchenden Nutzer am wenigstens stören, z.B.
im rechten oder unteren Seitenbereich.**

PRODUKTBESCHREIBUNG AUF DER ERGEBNISSEITE

Der Platz für Produktbeschreibungen ist auf der Ergebnisseite begrenzt,
trotzdem müssen die wichtigsten Informationen für eine erste Vorauswahl
gegeben werden. Artikelname, Preis, aber auch die Verfügbarkeit des Artikels sind Produktinformationen, die der Nutzer unabhängig vom Sortiment
sofort auf der Ergebnisseite erwartet.

Darüber hinaus sind die Informationsbedürfnisse sortimentsspezifisch
sehr unterschiedlich. Zur Vorauswahl einer Waschmaschine benötigt der
Nutzer natürlich andere Informationen als bei einem Polohemd. Aber welche Daten sind tatsächlich die wichtigsten und auf welche kann verzichtet
werden? Muss auf einer Suchergebnisseite von Waschmaschinen die Energieeffizienzklasse sichtbar sein oder ist die maximale Drehzahl doch wichtiger?

Versetzen Sie sich in die Lage des Kunden. Oder noch besser: Fragen Sie ihn,
dann wissen Sie es genau. Besonders geeignet sind Zielgruppenbefragungen mit Online-Panels (vgl. Kapitel 5.4.2).

Bei der Darstellung der Informationen auf Suchergebnisseiten bevorzugen
die Nutzer einen **stichwortartigen Textstil** mit Aufzählungen gegenüber
Fließtext. Denn dieser ist schneller zu „scannen" (vgl. auch die Ausführungen zum Thema Textgestaltung in Kapitel 4.1.6).

Tipp: Die Suchergebnisseite sollte nach **zwei bis drei Sekunden** aufgebaut
sein. Nach fünf bis zwölf Sekunden glaubt der Besucher nämlich, dass die
Suchanfrage nicht bearbeitet wird, und schickt die identische Anfrage
nochmals ab (vgl. Kraus 2008).

3.6.3 SORTIERFUNKTION, BLÄTTERFUNKTION, TREFFER PRO SEITE UND STATUS-INFORMATIONEN ZUR AKTUELLEN SUCHE

Sortier- und Blätterfunktionen auf den Suchergebnisseiten sind Standardfunktionen, die jeder Shop anbieten muss. Bei der **Sortierfunktion** bleibt die Artikelanzahl unverändert und nur die Anordnung wird entsprechend dem Sortierkriterium verändert.

Wenn Sie es sich einfach machen möchten, dann bieten Sie für Ihr gesamtes Sortiment eine **Standard-Sortierung** nach den wichtigsten Kriterien, wie z. B. Preis und Verfügbarkeit, an. Einen höheren Nutzwert bieten Sie Ihren Kunden allerdings mit **sortimentsspezifischen Sortierkriterien.** Bei Digitalkameras könnte eine Sortierung nach „Neuheit" von hohem Nutzen sein, während bei Sonnenbrillen eine Sortierung nach Marken für den Shopper besonders wichtig ist.

Bei der Gestaltung der Sortierfunktion ist ein Pulldown immer vorzuziehen, da hier die Richtung der Sortierung ausgeschrieben werden kann und damit eindeutig ist. Eine Anzeige mit Pfeilen (↑↓ Preis) für absteigende bzw. aufsteigende Sortierung wird nicht von allen Nutzern verstanden.

Nutzer erwarten die **Blätterfunktion** genauso wie die Sortierfunktion direkt **oberhalb der Suchtreffer.** Zeigen Sie am besten durch Unterstreichung der Seitenzahlen an, dass die einzelnen Seiten direkt anklickbar sind. Geben Sie auch immer die **Seitenzahl der letzten Trefferseite** an, so wie es in Abbildung 3.19 dargestellt ist. Für die „Weiter-Zurück-Funktion" ist es ausreichend, mit Pfeilen („<<" für zurück / „>>" für weiter) zu arbeiten. Eine Beschriftung mit „zurück" und „weiter" ist nicht unbedingt notwendig.

Die Option, selbst zu entscheiden, wie viele **Treffer pro Seite** angezeigt werden, wird von den Online-Shoppern häufig genutzt. Ein nicht unbeachtlicher Teil der Nutzer bevorzugt das Scrollen über eine lange Liste gegenüber dem Blättern zwischen einzelnen Suchergebnisseiten. Die Funktion „Treffer pro Seite" sollte in der Nähe der Sortier- und Blätterfunktion platziert und aufmerksamkeitsstark als Pulldown gestaltet werden, so wie man es exemplarisch in Abbildung 3.19 sehen kann.

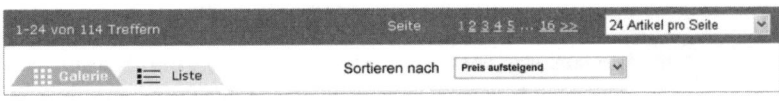

Abb. 3.19: Sortierfunktion, Blätterfunktion, Treffer pro Seite, Wechsel zwischen Galerie- und Tabellenansicht

Wenn Nutzer eine Suchanfrage abschicken und sich die Suchergebnisseite aufbaut, dann konzentriert sich die Aufmerksamkeit stark auf den **mittleren Bereich** der Seite mit den Suchtreffern. Aus diesem Grund sollten wichtige **Statusinformationen zur aktuellen Suche,** wie der Suchbegriff und die Gesamt-Trefferanzahl, in diesem Bereich platziert werden. Beispielsweise kann man den aktuellen Suchbegriff im Suchschlitz stehen lassen. Der Suchschlitz muss dann aber räumlich nah bei der Trefferliste zu sehen sein. Eine alternative Darstellungsmöglichkeit ist eine Platzierung oberhalb der Filter, so wie es in Abbildung 3.20 A dargestellt ist.

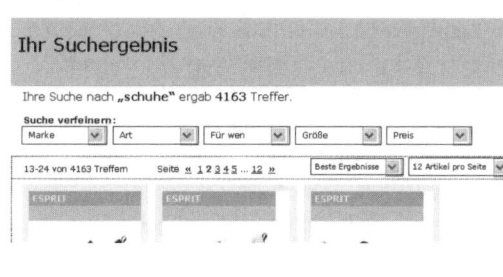

A) Statusinformation oberhalb der Filter

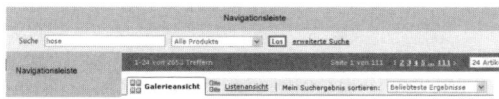

B) Statusinformation im Suchschlitz

Abb. 3.20: Statusinformationen zur aktuellen Suche

Tipp: Fassen Sie alle Funktionen zur Veränderung der Suchergebnisseite, wie die Blätter- und Sortierfunktion, Anzahl der Treffer oder Wechsel zwischen Galerie- und Listenansicht, zu einer **Funktionsleiste** zusammen. Platzieren Sie dann in die Nähe dieser Leiste die wichtigen Statusinformationen zur aktuellen Suche (Gesetz der Nähe, vgl. Kapitel 2.2.5). Alles zusammen gehört in den aufmerksamkeitsstarken mittleren Bereich der Suchergebnisseite (vgl. Abb. 3.20 B).

3.6.4 DIE FILTERFUNKTION (AFTER SEARCH NAVIGATION)

Wenn Shop-Betreiber sich einmal die Mühe machen und die am häufigsten eingegebenen Suchbegriffe analysieren, dann sind sie immer wieder darüber erstaunt, wie wenig elaboriert die Suchbegriffe der Nutzer sind. Ein-Wort-Suchen mit generischen Begriffen wie z. B. „Hose" oder „Digitalkamera" sind keine Seltenheit. Solche Sucheingaben generieren ein Suchergebnis mit **sehr vielen Treffern**. Filterfunktionen, mit denen die Anzahl der Treffer **qualitativ eingeschränkt** werden kann, sind deshalb auf der Suchergebnisseite, aber auch auf den Artikelübersichtsseiten sinnvoll.

Anders als bei der Sortierfunktion werden bei der Filterfunktion alle Produkte, die dem ausgewählten Kriterium nicht entsprechen, komplett ausgeblendet. Deshalb sollte immer angezeigt werden, wie viele Artikel noch bei Auswahl des Filters übrig bleiben. Schreiben Sie einfach die Anzahl der Artikel in Klammern hinter die Filterkriterien.

Wichtig: Geben Sie Ihren Besuchern eine gut sichtbare Rückmeldung darüber, dass ein Filter gesetzt wurde, und zeigen Sie eindeutig an, wie gesetzte Filter wieder rückgängig gemacht werden können.

Die in Abbildung 3.21 über Pulldowns gestalteten Filter sind ein Lösungsbeispiel, das allen Anforderungen gerecht wird. Eine Umsetzung per Pulldown hat den Vorteil, dass dann die Filter **oberhalb** der Produkte platziert werden können. An dieser Stelle wird die Funktion gut wahrgenommen, da sich die Aufmerksamkeit des Nutzers auf den mittleren Bereich der Seite konzentriert.

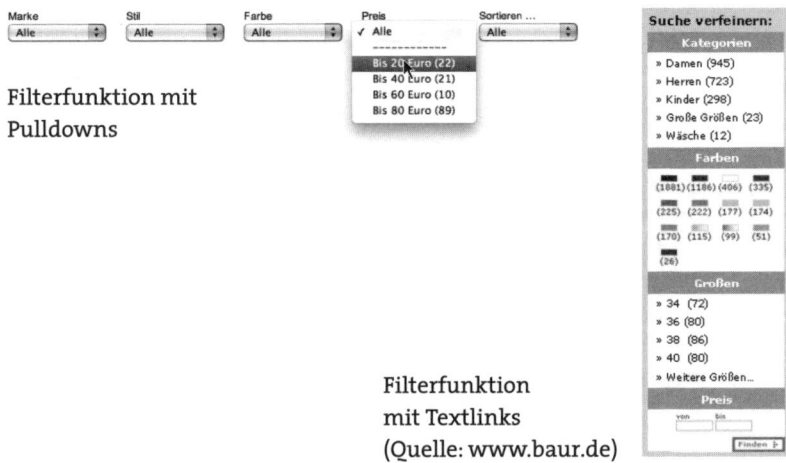

Filterfunktion mit Pulldowns

Filterfunktion mit Textlinks (Quelle: www.baur.de)

Abb. 3.21: Filterfunktion mit Pulldowns oder Textlinks

Werden die Filter als Links in Textform gestaltet, dann sollten diese **im linken Bereich** der Seite platziert werden. Eine solche Darstellung bietet den Vorteil, dass die Nutzer einen Teil der jeweiligen Filteroptionen sofort sehen.

Tipp: Benennen Sie die Filterfunktion nicht mit „Filtern" oder „Filterfunktion", denn das ist für viele Nutzer nicht verständlich. „Suche verfeinern" oder „Suche eingrenzen" sind aus Nutzersicht besser zu verstehen (vgl. Wilhelm 2008).

Genauso wie für die Sortierfunktion gilt auch für die Filter: **Sortimentsspezifische Filter** erhöhen den Nutzen für den Besucher.

3.6.5 HILFESTELLUNG BEI „NULL-TREFFER"

Nicht nur zu viele, sondern auch gar keine Treffer sind ein Problem. Es gibt zwei mögliche Ursachen für eine „Null-Treffer-Seite": Entweder das gesuchte Produkt befindet sich tatsächlich nicht in Ihrem Sortiment oder es ist im Sortiment, wird von dem Suchalgorithmus aber nicht gefunden. In beiden Fällen sollten Sie den Nutzer dabei unterstützen, doch noch das gewünschte Produkt zu finden.

Wenn Sie eine **Vorschlagsfunktion** einsetzen, können Sie den Nutzer bereits bei Eingabe eines Suchbegriffs darauf hinweisen, dass der Suchbegriff keine Ergebnisse liefern wird (vgl. Abb. 3.22). Bieten Sie ihm ähnliche Suchbegriffe und/oder themenverwandte Produkte an. Nach Abschicken des Suchbegriffs muss trotz Vorschlagsfunktion eine **Null-Treffer-Seite** präsentiert werden. Denn es gibt immer Nutzer, die sich beim Tippen nur auf die Tastatur konzentrieren und deshalb die Anzeige der Vorschlagsfunktion nicht bemerken.

kartoffelpresse	
Einige Produktgruppen zu Ihrem Suchbegriff:	**Einige Produktvorschläge:**
Es konnten keine Produktgruppen zu Ihrem Suchbegriff gefunden werden.	**Es konnten keine Produkte gefunden werden.**
Ähnliche Suchbegriffe: Kartoffelmesser Kartoffelreibe Kartoffelschäler	

Abb. 3.22: Exemplarische Null-Treffer-Anzeige bei einer Vorschlagsfunktion

Auf der Null-Treffer-Seite sollten Sie folgende Hilfestellungen anbieten:

- Alternative Suchbegriffe (Meinten Sie ...?)
- Tipps zur Verbesserung des Suchergebnisses (Schreibweise, Ein-/Zwei-Wort Suche, Eingabe eines allgemeineren Suchbegriffs)
- Häufigste Suchwörter
- Link zu den FAQs oder eine Guided Tour zur richtigen Suche

3.6.6   ZUSAMMENFASSUNG

Die **Suchmaske** wird entweder im oberen linken Teil oder im oberen mittleren bzw. rechten Teil des Shops erwartet und muss immer die direkte Eingabe einer Artikelnummer erlauben. Eine gute Suche muss darüber hinaus fehlertolerant sein. Um den Nutzer bei seiner Suche zu unterstützen, können Sie eine **Vorschlagsfunktion** anbieten, die schnell auf die Eingaben reagiert und die Anzahl der Suchtreffer in Klammern hinter dem Suchbegriff anzeigt.

Bilder auf der Ergebnisseite können in der Galerie- oder Tabellenansicht angezeigt werden, die unterschiedliche Konsequenzen für das visuelle Guiding auf der Seite haben. Eine Galerieansicht empfiehlt sich für Sortimente, bei denen der visuelle Eindruck für die Kaufentscheidung von hoher Bedeutung ist. Dienen die Bilder vor allem zur Identifikation und Illustration des gesuchten Produkts, dann eignet sich eher eine Tabellenansicht. Eine Vergrößerung der Bilder sollte per Klick und nicht durch Mausberührung erfolgen.

Artikelname, Preis, aber auch die **Verfügbarkeit** des Artikels müssen bei der Produktbeschreibung auf einer Suchergebnisseite **immer angezeigt** werden. Darüber hinaus sollten Sie auf die sortimentsspezifischen Informationsbedürfnisse aus Sicht Ihrer Kunden eingehen und die kaufentscheidenden Fakten im **stichwortartigen Textstil mit Aufzählungen** anbieten.

Sortier- und Blätterfunktionen auf den Suchergebnisseiten sind Standardfunktionen, die jeder Shop anbieten muss. Neben einer Standard-Sortierung nach Kriterien wie Preis und Verfügbarkeit können sortimentsspezifische Sortierkriterien einen hohen Nutzwert für den Kunden darstellen. Fassen Sie alle Funktionen zur Veränderung der Suchergebnisseite, wie die **Blätter- und Sortierfunktion, Anzahl der Treffer** oder **Wechsel zwischen Galerie- und Listenansicht,** zu einer Funktionsleiste zusammen. Platzieren Sie dann in die Nähe dieser Leiste die wichtigen Statusinformationen zur aktuellen Suche. Alles zusammen gehört in den aufmerksamkeitsstarken mittleren Bereich der Suchergebnisseite.

Filterfunktionen, mit denen die Anzahl der Treffer qualitativ eingeschränkt werden können, sind auf der Suchergebnisseite, aber auch auf den Artikelübersichtsseiten sinnvoll. Zeigen Sie immer an, wie viele Artikel noch bei Auswahl des Filters übrig bleiben und wie gesetzte Filter rückgängig gemacht werden können. Filter sind als Pulldowns oberhalb der Treffer oder als Links in Textform im linken Seitenbereich darstellbar.

Bei **Null-Treffern** können Sie den Nutzer über die Vorschlagsfunktion bereits darauf hinweisen, dass die Suche keine Ergebnisse liefern wird. Auf der Null-Treffer-Seite selbst sollten Sie Hilfestellung anbieten (alternative Suchbegriffe, Tipps zur Verbesserung des Suchbegriffs sowie häufigste Suchwörter).

3.7 CHECKOUT UND PAYMENT

Beim Checkout (vom Warenkorb bis zur Bestellbestätigung) entscheidet sich, ob der Besucher kauft oder nicht. Denken Sie jetzt bitte nicht: „Was kann man bei den paar Formularfeldern schon falsch machen?" In meiner zehnjährigen Beratungstätigkeit habe ich noch keinen (!) Checkout-Prozess gesehen, bei dem wir nicht Verbesserungen vorschlagen konnten.

Das Positive an der Checkout-Optimierung: Bereits kleine Veränderungen mit wenig Aufwand können deutliche Auswirkungen auf die Conversion-Rate des Shops haben.

3.7.1 DIE WARENKORBANZEIGE

Die Warenkorbanzeige sollte immer die **Anzahl der Produkte** und den **Gesamtpreis** anzeigen. Der Klick auf den Warenkorb führt entweder zur ersten Seite des Bestellprozesses oder zu einem Layer, der den Nutzer über den Inhalt seines Warenkorbs informiert, ohne die aktuelle Seite zu verlassen (vgl. Abb. 3.23). Über die Platzierung der Warenkorbanzeige haben die Nutzer ganz bestimmte Erwartungen: Sie gehört in den **oberen rechten Bereich** der Shop-Startseite.

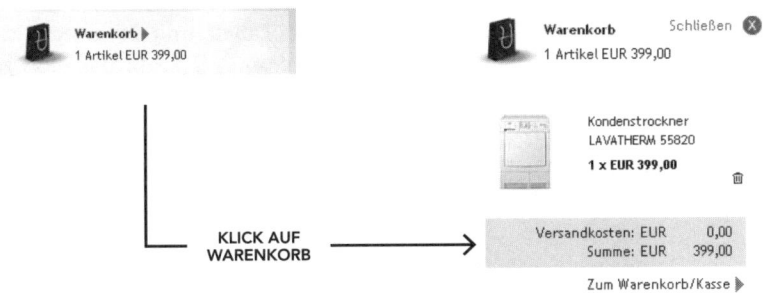

Abb. 3.23: Die Warenkorbanzeige mit Layer auf www.karstadt.de

3.7.2 DER WARENKORB

DAS GÜTESIEGEL

Wenn es um die Bezahlung geht, spielt das Vertrauen des Besuchers in die Seriosität des Shops eine bedeutende Rolle. Amazon, Neckermann & Co. haben aufgrund ihrer hohen Bekanntheit damit kaum Probleme. Aber kleine Shops müssen sich das Vertrauen beim Erstkauf erst einmal verdienen. Neben einer guten Usability, Transparenz über die Identität des Anbieters und seriösem Design können **Gütesiegel** das Vertrauen in einen Shop stärken. So achten laut einer eResult-Studie drei von vier Online-Shopper im Umfeld des Bestellprozesses darauf, ob der Shop ein Gütesiegel vorzuweisen hat (TÜV S@fer Shopping, Trusted Shop o.Ä.). Rund 16 % der Befragten haben sogar schon einmal einen Bestellprozess abgebrochen, weil kein Gütesiegel vorhanden war (Wilhelm 2009).

Eine Zertifizierung bei einem Gütesiegel-Anbieter ist also gerade für unbekannte Shops empfehlenswert. Idealerweise wählen Sie den Anbieter aus, der die höchste Bekanntheit bei Ihrer Zielgruppe hat, und platzieren das Siegel gut sichtbar und aufmerksamkeitsstark im Warenkorb.

INFORMATION ÜBER ZAHLVERFAHREN

Je mehr unterschiedliche Zahlverfahren ein Shop anbietet, desto weniger Besucher brechen ihren Kaufvorgang an dieser Stelle ab (vgl. Abb. 3.24). Die Vorkasse ist für den Shop-Anbieter das sicherste, jedoch beim Online-Shopper unbeliebteste Zahlungsverfahren. Rabatt und Gütesiegel können jedoch die Bereitschaft zur Vorkasse erhöhen (vgl. Krabichler et al. 2008).

DURCHSCHNITTLICHER RÜCKGANG DER KAUFABBRUCHQUOTE BEI EINFÜHRUNG DIESER ZAHLUNGSVERFAHREN

Abb. 3.24: Rückgang der Kaufabbruchquoten bei Einführung zusätzlicher Zahlungsverfahren (Quelle: Krabichler, Wittman, Stahl, Breitschaft: Erfolgsfaktor Payment (www.ecommerce-leitfaden.de/studien)

Informieren Sie **bereits im Warenkorb** darüber, welche Zahlverfahren Sie anbieten, und nicht erst dann, wenn der Nutzer sich bereits durch drei Seiten Formulare durchgearbeitet hat. Wenn Sie Neukunden den Kauf auf Rechnung nicht anbieten, dann sollten Sie das ebenfalls bereits an dieser Stelle deutlich kommunizieren.

DIE VORWÄRTSNAVIGATION: DER „WEITER"-BUTTON

Im Warenkorb soll der Besucher eigentlich nur noch eins machen: Die Artikel des Warenkorbs bestellen. Zeigen Sie ihm also deutlich an, wo es „weiter" geht:

- Benennen Sie den Button ganz einfach mit „weiter" (und nicht mit dem Titel des nächsten Schritts).

- Gestalten Sie ihn aufmerksamkeitsstark, d.h. immer in einer **gesättigten,** gerne auch leuchtenden Farbe und **groß** genug.

- Platzieren Sie den Button im **rechten Bereich** der Seite und bieten Sie ihn sowohl oben als auch unten am Ende der Artikelliste an.

- Neben dem Weiter-Button sollte es **keinen anderen Button** auf dieser Seite geben (über den Zurück-Button des Browsers sollten die Besucher natürlich trotzdem immer rückwärts navigieren können).

- Und auch hier gilt: Bitte keine Cross-Sellings mehr! Nutzer fühlen sich an dieser Stelle nur gestört. Sie wollen und sollen sich jetzt auf die Bestellung konzentrieren (vgl. Kapitel 3.4).

ÄNDERUNGSMÖGLICHKEITEN IM WARENKORB

Vom Warenkorb muss der Nutzer direkt auf die Produktdetailseiten der ausgewählten Artikel gelangen können, indem man auf die **Artikelbezeichnung oder das Bild** klickt. Sie sollten dem Besucher die Optionen anbieten, Artikel zu „löschen" und zu „ändern". Eine Änderung der Menge sollte automatisch zu einer Aktualisierung des Warenkorbs führen. Ein einfacher Textlink (bitte keine Buttons) für diese Funktionen, so wie im Warenkorb von Neckermann.de, ist vollkommen ausreichend.

89

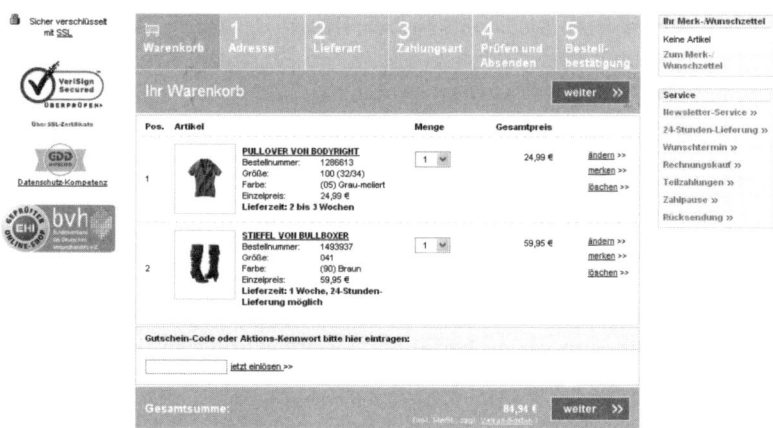

- Aufmerksamkeitsstarker „Weiter"-Button
- Auffällige Präsentation der Gütesiegel
- Informationen zu Zahlungsverfahren, Lieferung und Rücksendung
- Direkter Link zur Produktdetailseite über Artikelbezeichnung
- Ändern- und Löschen-Funktion
- Mengenänderung über Pulldown führt automatisch zur Aktualisierung des Warenkorbs

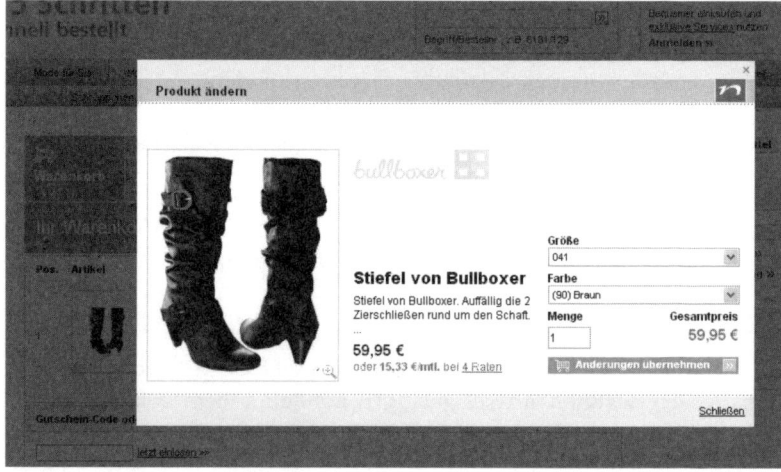

- Komfortable Ändern-Funktion über Layer

Abb. 3.25: Der Warenkorb von www.neckermann.de

DIE FORTSCHRITTSANZEIGE

Die Fortschrittsanzeige zeigt dem Nutzer an, wie viele Seiten zur Dateneingabe er noch vor sich hat, und erlaubt ihm eine **gezielte Navigation** auf zurückliegende Seiten.

Wichtig: Die Fortschrittsanzeige darf nicht den Eindruck erwecken, dass sie auch vorwärtsgerichteten Navigationsschritten dient. Stellen Sie deshalb die inaktiven Schritte durch eine blassere Farbe (am besten grau) dar. Bereits getätigte Schritte können über die gesättigte Farbe und zusätzlich über Symbole, wie z.B. einem Haken, als aktive Links gekennzeichnet werden.

SO NICHT ...

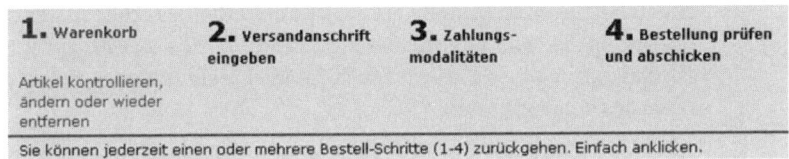

BESSER SO ...

(Quelle: www.neckermann.de)

Abb. 3.26: Die Fortschrittsanzeige

TRANSPARENZ BEI DEN KOSTEN UND EIN GUT SICHTBARER GESAMTPREIS

Online-Shopper wünschen sich Transparenz bei den Kosten und deshalb sollten in jedem Warenkorb folgende Preisangaben gut sichtbar sein:

- Einzelpreis pro Artikel
- Gesamtpreis pro Artikel
- Bestellwert
- Versandkosten
- Gesamtkosten

Die Eingabe von **Gutschein- oder Aktion-Codes** ist am besten direkt auf der Warenkorbseite möglich und zeigt nach Aktualisierung den neuen Gesamtpreis an. Ist dies aus technischen Gründen nicht möglich, dann geben Sie zumindest einen Hinweis, an welcher Stelle des Bestellprozesses der Gutschein eingegeben werden kann.

Manche Online-Shops verzichten an dieser Stelle darauf, die Versandkosten anzuzeigen und irritieren damit ihre Kunden. Das Argument: Der Nutzer müsse ja erst in den nächsten Schritten entscheiden, ob er eine Standardlieferung oder eine (zuschlagpflichtige) Expresslieferung möchte.

Tipp: Geben Sie an dieser Stelle einfach die Versandkosten für eine Standardlieferung an und informieren Sie z. B. mit einem Layer darüber, dass es sich um die Kosten für eine Standardlieferung handelt und welche anderen Optionen existieren (z. B. Zuschlag für Eilservice, kostenfreie Lieferung ab einem bestimmten Bestellwert etc.). Kommt der Besucher später im Schritt „Lieferung" an und entscheidet sich dann für eine zuschlagpflichtige Versandart, dann geben Sie ihm deutliche Rückmeldung über die aktualisierte Höhe der Versandkosten.

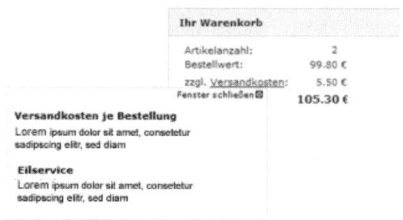

Abb. 3.27: Informationen zu Versandkosten per Layer

3.7.3 DIE VERTEILERSEITE: KUNDE VS. ERSTBESTELLER

Die **Verteilerseite** dient der Trennung zwischen Erstbestellern und registrierten Bestandskunden, die sich mit Benutzername und Passwort anmelden können und keine Adressdaten mehr ausfüllen müssen.

Jeder Bestandskunde hat eine Kundennummer, die Sie zwar im System haben, der Kunde jedoch nicht auswendig weiß und mit Sicherheit bei der nächsten Bestellung **nicht** zur Hand hat. Die Anmeldung sollte deshalb standardmäßig mittels E-Mail-Adresse und selbst gewähltem Passwort erfolgen. **Zusätzlich** können Sie eine Anmeldung per Kundenummer und Geburtsdatum oder Passwort anbieten.

Wichtig: Zwingen Sie Erstbesteller nicht zu einer Registrierung, sondern bieten Sie eine Bestellung auch ohne Registrierung an.

Und missbrauchen Sie diese Seite nicht dazu, Mitgliedschaften im Kundenclub o.ä. anpreisen zu wollen. Denken Sie daran: Das Wichtigste ist, dass der Nutzer jetzt bestellt, und nicht, dass er sich registriert oder bei einem Kundenkarten-Programm mitmacht.

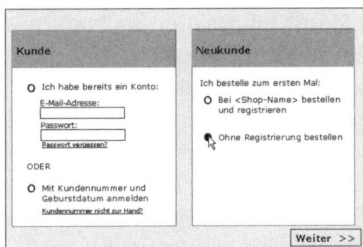

Abb. 3.28: Exemplarische Verteilerseite

Formularfelder auszufüllen macht keinen Spaß und elend lange Formular-„Wüsten" sind demotivierend. Aus diesem Grund sollten Sie wirklich **nicht mehr abfragen als notwendig,** bis der Bestellprozess beendet ist. Fragen, woher der Kunde Ihren Shop kennt, oder ähnliche für den Bestellvorgang unwichtige Fragen können Sie stellen, **nachdem** der Kunde die Bestellung abgesendet hat. Auch die Aufteilung des Bestellprozesses in vier bis fünf Teilschritte hat sich bewährt und lässt die Formulare weniger lang wirken.

3.7.4   SCHRITT 1: DIE ANSCHRIFT

EINE GUTE FORMULARGESTALTUNG

Bei einer guten Formulargestaltung befinden sich die Feld-Bezeichnungen links und nicht oberhalb der Eingabefelder. Auf diese Weise wirkt das Formular automatisch kompakter und kürzer (Abb. 3.29 A 1/A 2). Pulldowns sollten Sie nur dann verwenden, wenn Sie eine größere Anzahl von Auswahlmöglichkeiten haben, wie z.B. beim „Titel". Bei der Anrede „Herr"/ „Frau" sind Radio-Buttons für den Nutzer schneller auszufüllen.

Kennzeichnen Sie Pflichtfelder mit einem **Sternchen** und nutzen Sie das Symbol **ausschließlich** hierfür. Erfahrenen Nutzern ist das Sternchen als Pflichtfeld-Symbol ein Begriff, trotzdem sollten Sie es für den unerfahrenen Online-Shopper nochmals an geeigneter Stelle erläutern.

Verzichten Sie auf Vorauswahlen. Nutzer fühlen sich gegängelt, wenn die Checkbox zum Newsletter-Abonnement schon angeklickt ist. Auch bei Pulldown-Menüs sollte die Voreinstellung immer auf „Bitte wählen Sie aus" gesetzt werden.

Fußnoten, die möglicherweise auch noch mit Sternchen gekennzeichnet sind, haben in einem Internetformular nichts zu suchen. Bieten Sie notwendige Hilfen oder Informationen direkt beim Eingabefeld an, z.B. mit einem Info-Button, oder schreiben Sie die Information als Text einfach direkt in die Nähe des Eingabefelds (Abb. 3.29 B1 / B2 und D2). Texte bei Checkboxen sollten immer **positiv** formuliert werden (Abb. 3.29 C1 / C2).

Unterstützen Sie Ihren Besucher dabei, erst gar keine Eingabefehler zu machen, indem Sie beim Geburtsdatum das gewünschte Format durch **Beispiele und Feldgröße** anzeigen (Abb. 3.29 D1 / D2). Dies gilt jedoch nicht für die Abfrage der Straße und Hausnummer. Hier wünschen sich die Nutzer für jede Angabe ein eigenes Eingabefeld (vgl. Rehmann 2008).

SO NICHT ...   ## BESSER SO ...

A1   ### A2

B1   ### B2

C1

☐ Bitte senden Sie mir Ihren Newsletter nicht zu, sondern nur eine Auftragsbestätigung.

C2

☐ **Ja**, ich habe die Teilnahmebedingungen gelesen und bin damit einverstanden.

D1

Geburtsdatum*   tt.mm.jjjj

D2

Geburtsdatum:*   ☐ ☐ ☐   (TTMMJJJJ)

Warum wir Sie nach Ihrem Geburtsdatum fragen?
Die Antwort finden Sie hier.

Abb. 3.29: Formulargestaltung

Auch sollten die Formularfelder besser untereinander als nebeneinander dargestellt werden. Nutzer empfinden das als strukturierter und übersichtlicher.

SO NICHT ...   ## BESSER SO ...

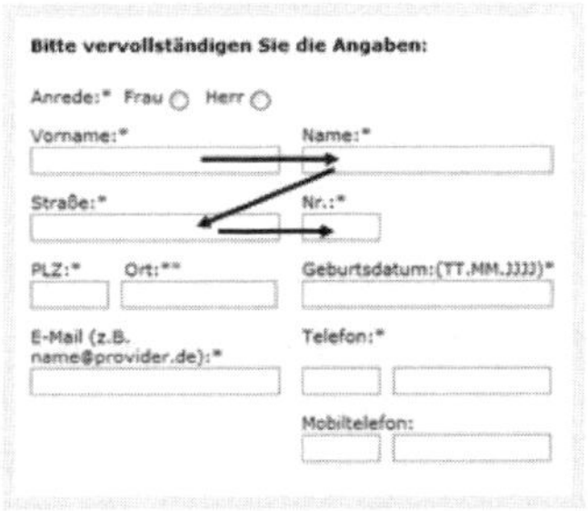

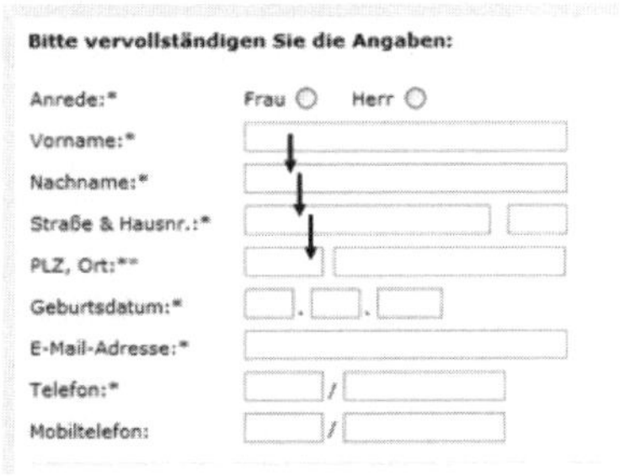

Bitte vervollständigen Sie die Angaben:

Anrede:* Frau ○ Herr ○
Vorname:*   Name:*
Straße:*   Nr.:*
PLZ:*   Ort:**   Geburtsdatum:(TT.MM.JJJJ)*
E-Mail (z.B.   Telefon:*
name@provider.de):*
                  Mobiltelefon:

Bitte vervollständigen Sie die Angaben:

Anrede:*   Frau ○   Herr ○
Vorname:*
Nachname:*
Straße & Hausnr.:*
PLZ, Ort:**
Geburtsdatum:*   ☐.☐.☐
E-Mail-Adresse:*
Telefon:*   ☐/☐
Mobiltelefon: ☐/☐

Abb. 3.30: Die Reihenfolge der Formularfelder

GUTES FEHLERFEEDBACK

Bei fehlerhaften oder unvollständigen Eingaben sollten Sie **keine Rückmeldung per Browser-Pop-ups** geben. Der Nutzer muss zur Fehlerbehebung umständlich das Fenster schließen und bei mehreren Fehlern auch noch die Hinweise aus dem Pop-up auswendig lernen.

Oberhalb des Formulars sollte aufmerksamkeitsstark ein Hinweis gegeben werden, dass ein Fehler aufgetreten ist. Durch ein Warnsymbol und durch Signalfarben kann die Meldung noch visuell hervorgehoben werden. Zusätzlich sollte oberhalb der fehlerhaften Eingabefelder angegeben werden, was der Nutzer einzugeben hat.

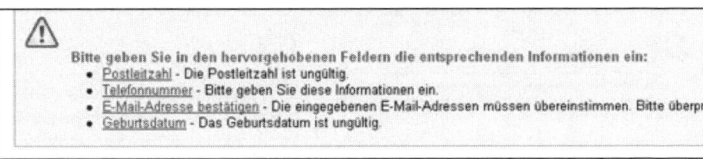

Abb. 3.31: Gutes Fehlerfeedback auf www.neckermann.de

Tipp: Nur die fehlerhaften Eingaben dürfen gelöscht werden. Alle anderen Eingaben und gewählten Optionen müssen erhalten bleiben. Das gilt auch für Passworteingaben, die bereits geklickte Checkbox für das Akzeptieren der AGB oder den deaktivierten Newsletter. Der eilige User korrigiert ansonsten nur das fehlerhafte Feld, bemerkt aber nicht, dass er erneut die AGB akzeptieren oder das Passwort noch einmal eingeben muss.

ABWEICHENDE LIEFERADRESSE

Der Versand an eine von der Rechnungsanschrift abweichende Lieferanschrift gehört zum selbstverständlichen Service eines Online-Shops. Zeigen Sie die notwendigen Eingabefelder jedoch nur dann an, wenn der Kunde diesen Service tatsächlich benötigt (denken Sie an die Formularwüsten, die wir **nicht** wollen). Die Abfrage zur Lieferadresse sollte sich im unteren Seitenbereich als letzte zu wählende Option befinden. Wählt der Nutzer diese Option aus, dann kann direkt unter dieser Abfrage ein entsprechendes Formular für die Eingabe der abweichenden Adresse ausklappen. Oder alternativ: Sie bieten die Eingabe der abweichenden Lieferadresse in einem weiteren, separaten Schritt an.

3.7.5   SCHRITT 2: DIE LIEFERUNG

An dieser Stelle kann der Kunde in der Regel auswählen, wie schnell (normale Lieferung vs. Express-Lieferung) und ggf. zu welchem Termin die Lieferung erfolgen soll. Wichtig: Gestalten Sie die verschiedenen Kostenblöcke **transparent,** wie es z. B. der Neckermann-Versand in seinem Bestellprozess macht:

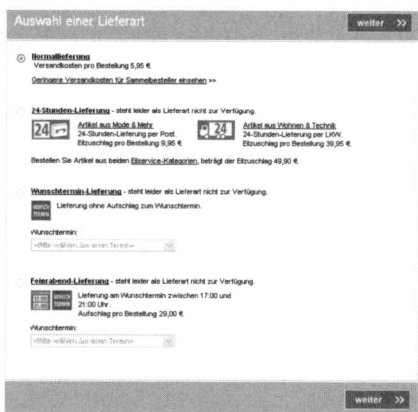

Abb. 3.32: Die Auswahl der Lieferart auf www.neckermann.de

3.7.6   SCHRITT 3: DIE ZAHLUNGSART

Wenn Sie unterschiedliche Zahlungsarten anbieten, können Sie die Kaufabbruchquoten deutlich verringern (vgl. Kapitel 3.7.1). Zu jeder Zahlungsart gibt es mit Sicherheit viele Informationen, die Sie dem Kunden mitteilen wollen. Vielleicht bieten Sie auch noch Ratenzahlungen und einen speziellen Ratenrechner an oder besondere Zahlungskonditionen für Kundenclub-Mitglieder etc. Schnell wird diese Seite unübersichtlich und eine Textwüste des „Kleingedruckten". Der Kunde, der sowieso immer mit der Kreditkarte zahlt, interessiert sich aber überhaupt nicht für die Ratenkonditionen.

Deshalb gilt auch hier: Geben Sie erst eine knappe Übersicht über alle angebotenen Zahlungsarten. Erst wenn der Nutzer eine Zahlungsart auswählt, werden die zu dieser Zahlungsart korrespondierenden Eingabe-/Auswahlfelder sowie Informationen ausgeklappt.

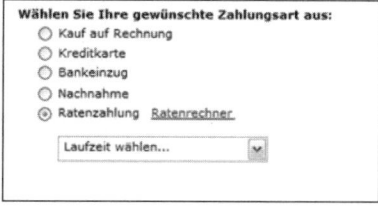

Abb. 3.33: Die Auswahl der Zahlungsart

3.7.7 SCHRITT 4: PRÜFEN UND ABSENDEN

Auf der Bestellzusammenfassung werden alle relevanten Daten der Bestellung nochmals dargestellt. Der Nutzer sollte die Möglichkeit haben, zu jedem Schritt der Bestellung zurückzunavigieren. Und zwar entweder über die Fortschrittsanzeige oder über „Ändern"-Links im Content-Bereich.

Im Idealfall gibt es auf dieser Seite nur einen einzigen Button – nämlich „Bestellung absenden". Bieten Sie **keinen weiteren Button** an, wie z.B. „Bestellung abbrechen", und auch ein „Zurück"-Button ist nicht notwendig. Zurück-Navigation muss auch im Bestellprozess immer über den Back-Button des Browsers möglich sein oder eben über die Ändern-Links bzw. die Fortschrittsanzeige. Wenn Nutzer die Bestellung abbrechen wollen, können sie das Browser-Fenster einfach schließen.

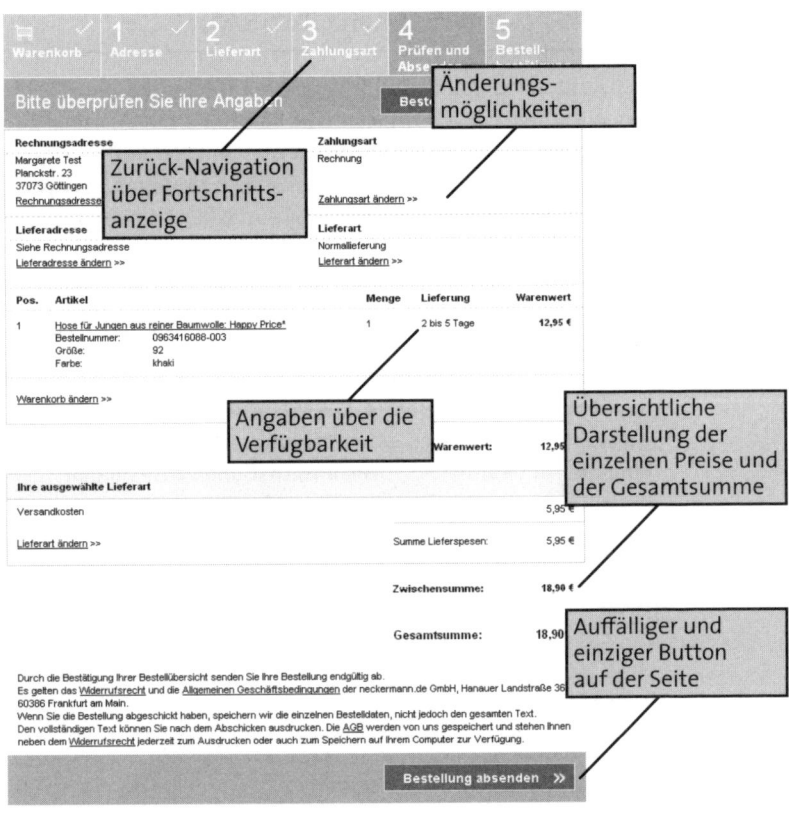

Abb. 3.34: Die Bestellzusammenfassung auf www.neckermann.de

3.7.8 DIE BESTELLBESTÄTIGUNG

Die Bestätigungsseite gibt dem Kunden eine Rückmeldung darüber, dass die Bestellung **erfolgreich abgesendet** wurde. Als Service sollten Sie darauf hinweisen, dass noch eine **Bestätigung per E-Mail** versendet wird. Auch eine Telefonnummer und E-Mail-Adresse bei Rückfragen zur Bestellung sowie eine gesonderte Druckfunktion sollten Sie anbieten.

Übrigens ist das jetzt genau die richtige Stelle, um z.B. auf die Vorteile Ihres Kundenkarten-Programms hinzuweisen und zur Registrierung zu motivieren („Sichern Sie sich jetzt noch die Punkte Ihres Einkaufs! Nehmen Sie jetzt an unserem Kundenkartenprogramm teil und sammeln Sie geldwerte Punkte!").

3.7.9 ZUSAMMENFASSUNG

Die **Warenkorbanzeige** sollte immer die Anzahl der Produkte und den Gesamtpreis anzeigen und im oberen rechten Bereich der Shop-Startseite platziert sein.

Da **Gütesiegel** sowie eine möglichst große Auswahl an verschiedenen **Zahlverfahren** die Abbruchquote im Bestellprozess verringern können, müssen Informationen darüber bereits im **Warenkorb** präsentiert werden. Im Warenkorb muss der Kunde die Möglichkeit haben, Änderungen vorzunehmen. Um Transparenz bei den Kosten zu schaffen, sollten Einzelpreis pro Artikel, Gesamtpreis pro Artikel, Bestellwert, Versandkosten (nehmen Sie an der Stelle einfach eine Standardlieferung an) sowie Gesamtkosten im Warenkorb angezeigt werden.

Erlauben Sie Ihren Bestandskunden eine Anmeldung per E-Mail-Adresse (und nicht ausschließlich per Kundennummer) und selbst gewähltem Passwort. Zwingen Sie Erstbesteller nicht dazu, sich zu registrieren, sondern bieten Sie eine Bestellung auch ohne Registrierung an.

Fragen Sie im Bestellprozess nur das ab, was für die Bestellung wirklich notwendig ist.

Vermeiden Sie lange Formular- und Text-„Wüsten", indem Sie z.B. erst eine kurze prägnante Übersicht über alle Zahlungsarten geben und erst nach Auswahl einer Zahlungsart korrespondierende Eingabe- und Auswahlfelder sowie Informationen präsentieren und sich an die Regeln für eine **gute Formulargestaltung** halten.

Im gesamten Bestellprozess sollten Sie die **Vorwärtsnavigation** unterstützen, indem Sie den wichtigsten Button „weiter" aufmerksamkeitsstark im rechten Bereich der Seite sowohl oberhalb als auch unterhalb der Artikelliste platzieren und keine Cross-Sellings oder andere Buttons anbieten. Letzteres gilt insbesondere für die Bestellzusammenfassung: Hier sollte es nur einen einzigen Button geben, nämlich „Bestellung absenden". Buttons wie „Bestellung abbrechen" oder „Zurück" haben auf dieser Seite nichts zu suchen.

Geben Sie auf der **Bestätigungsseite** noch einen Hinweis auf die Bestätigung per E-Mail und eine Telefonnummer und E-Mail-Adresse für Rückfragen zur Bestellung. Bieten Sie eine gesonderte Druckfunktion für diese Seite an.

4 USABILITY-ERKENNTNISSE FÜR INFORMATIONSORIENTIERTE WEBSITES

Jacob Nielsen, Usability-Experte aus den USA und bekannt für seine zitierfähigen Sätze, hat mal sehr treffend gesagt: „Kein Grundstück der Welt ist so wertvoll wie eine Homepage", denn diese sei „zugleich das Gesicht, das ein Unternehmen der Welt zeigt" (Nielsen 2000).

Oder anders ausgedrückt: Auch wenn Sie im Web keine Produkte verkaufen, ist Ihre Unternehmens-Website ein bedeutungsvolles Marketing-Instrument.

Das Ziel von Unternehmens-Websites (Corporate Websites) ist es, Kunden und Interessierten **Informationen** über Produkte und Services zu vermitteln und das **Image** des Unternehmens positiv zu beeinflussen. Es wird nichts direkt verkauft und verdient, die Website trägt nur indirekt zur Anbahnung von Geschäften bei. Vielleicht ist das auch ein Grund dafür, warum es immer noch so viele Unternehmen gibt, die ihrer Website so wenig Aufmerksamkeit widmen. Auch die Bereitschaft, Ressourcen für die medienadäquate Aufbereitung von Inhalten zur Verfügung zu stellen, lässt häufig zu wünschen übrig. „Den Geschäftsbericht? Den können wir doch einfach als PDF online stellen." (Dass dies nicht funktioniert, weil das Leseverhalten im Web anderen Regeln folgt als in Printmedien, können Sie in Kapitel 4.1.5 nachlesen). Und das, obwohl heute fast 40 % der Deutschen sagen, dass sie das Internet dazu nutzen, Produkt- oder Dienstleistungsangebote oder Produktinformationen zu erhalten (vgl. Typologie der Wünsche, 2009). Ob Sie Augenoptiker oder Zahnarzt sind, an einer guten Unternehmens-Website führt heute kein Weg mehr vorbei.

Zu den informationsorientierten Websites gehören aber auch Online-Angebote, die nach dem klassischen Advertising-Modell funktionieren. Nutzer kommen auf die Seite, um interessante Inhalte abzurufen, und generieren damit Seitenaufrufe, die der Website-Betreiber dazu nutzt, sie als Werbeflächen an Anzeigenkunden zu verkaufen: **Informationsportale** wie Focus, Spiegel oder Stern funktionieren genau nach diesem Prinzip. Auch hier geht es darum, den Nutzer an die Site zu binden und seinen Aufenthalt so zu gestalten, dass er möglichst **lange bleibt** und dabei **viele einzelne Seiten aufruft.** Letzteres sollte natürlich das Ergebnis eines interessanten Contents und nicht langer Irrwege sein.

Für Informationsportale und Corporate Websites gilt genauso wie für Online-Shops: Findet der Besucher nicht schnell die Information, die er sucht, dann verliert er das Interesse und wendet seine Aufmerksamkeit anderen Informationsanbietern zu.

4.1 UNTERNEHMENS-WEBSITES (CORPORATE WEBSITES)

4.1.1 DIE KONZEPTION EINER NEUEN CORPORATE WEBSITE

Sie wollen Ihre Unternehmens-Website überarbeiten oder komplett neu gestalten? Bevor Sie anfangen, sich über Layout, Farben und Design Gedanken zu machen, sind einige grundsätzliche Überlegungen zu den **Inhalten** der Website sinnvoll. Corporate Websites müssen häufig ein **breites Spektrum an Zielgruppen** bedienen, die mit ganz verschiedenen Intentionen und Informationsbedürfnissen auf die Inhalte zugreifen. Neben Kunden muss an andere Stakeholder wie Investoren, Zulieferer, Journalisten, (zukünftige) Mitarbeiter gedacht werden. Überlegen Sie, welche **typischen Nutzungsabsichten** die Besuchergruppen auf Ihrer Website haben. Das kann in einem internen Brainstorming mit Vertretern aus Vertrieb, Marketing, PR/Presse, EDV/IT und der Führungsebene erfolgen oder empirisch mittels einer Befragung auf der bestehenden Website erfasst werden (vgl. **Nutzerstruktur-**

analysen, Kapitel 5.4.1). Die Website muss mit ihren Inhalten und Funktionen die Nutzer dabei unterstützen, genau diese Absichten erfolgreich zu erfüllen.

Auch die **Sichtung anderer Corporate Websites** ist hilfreich und gibt Anregungen, welche Inhalte angeboten werden sollten. Martin Beschnitt (2008, S. 27–28) hat die Sitemaps von 40 Unternehmen aus verschiedensten Branchen analysiert und fünf typische Informationscluster für Corporate Websites identifiziert: Allgemeine Unternehmensinformationen, Kundeninformationen, Investor Relations, Medieninformationen sowie Bewerberinformationen:

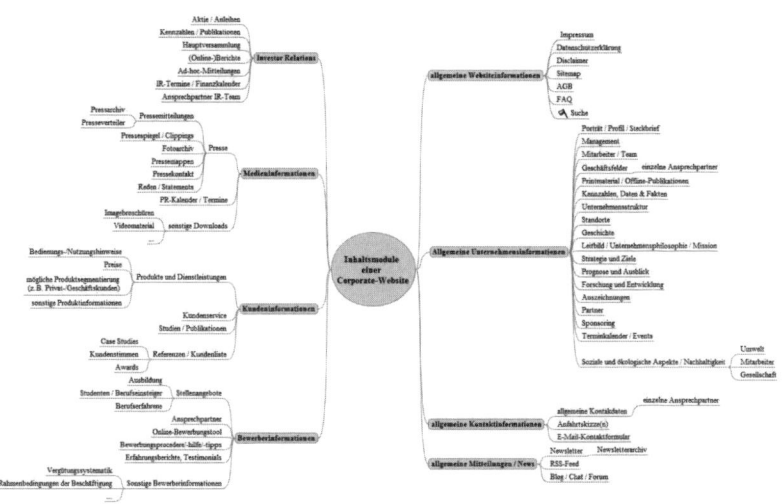

Abb. 4.1: Typische Inhalte einer Corporate Website (Quelle: Beschnitt 2008, S. 29)

Auf Basis eigener Überlegungen zu den Nutzungsabsichten der Besuchergruppen bzw. der Ergebnisse einer Nutzerstrukturanalyse und Sichtung von direkten Konkurrenz-Websites können Sie eine Sitemap mit den Hauptrubriken und den Inhalten für das neue Angebot entwickeln. Auf einem Blatt Papier oder an einer Pinnwand mit Kärtchen können dann die Hauptrubriken und deren Inhalte sowie direkt von der Startseite zu verlinkende Inhalte und Funktionen definiert werden.

Das Ergebnis ist das „Gerüst" (oder eleganter ausgedrückt die Informationsarchitektur) für die neue Website und könnte beispielsweise wie in der nachfolgenden Abbildung aussehen.

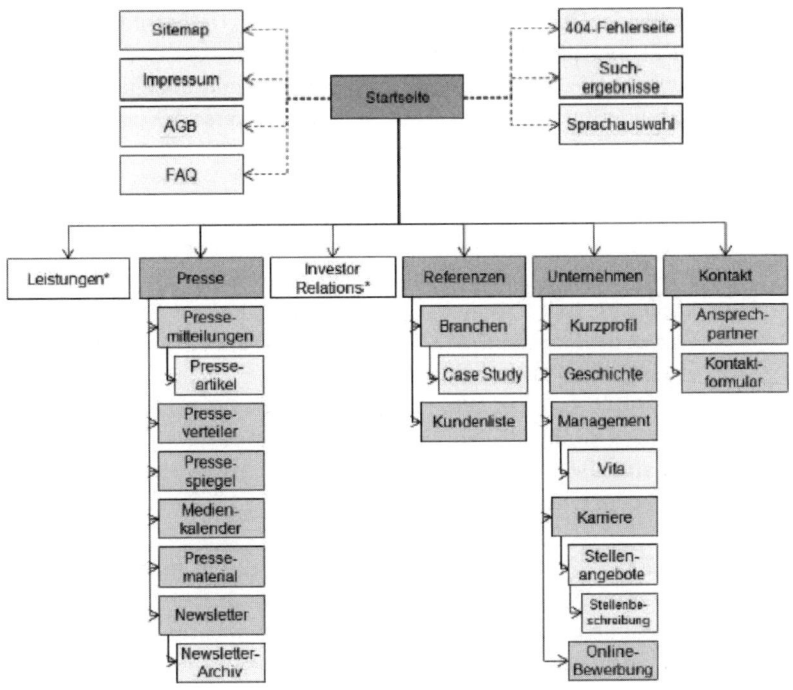

Abb. 4.2: Exemplarische Informationsarchitektur einer Corporate Website (Quelle: Beschnitt 2008, S. 60)

4.1.2 DIE STARTSEITE

Die Empfehlungen zum Screendesign und visuellen Guiding (vgl. Kapitel 2.2) sowie zu den Navigationsstrukturen und -konzepten (vgl. Kapitel 2.3) gelten natürlich auch für die Gestaltung von Startseiten informationsorientierter Websites.

Speziell bei Corporate Websites geht es jedoch darum, das Unternehmen und seine Leistungen vorzustellen und gleich auf der Startseite einen Eindruck davon zu hinterlassen, **wer man ist und wofür man steht.** Weil dies so selbstverständlich ist, wird genau dieser Punkt häufig vergessen und nur nachlässig gestaltet. Nichtssagende Willkommenstexte und willkürlich ausgewählte Bilder im aufmerksamkeitsstärksten Bereich der Startseite sind das Ergebnis.

Die **häufigsten** Fehler, die darüber hinaus auf einer Unternehmens-Website gemacht werden:

- Fehlender Überblick über die Leistungen des Unternehmens
- Nicht transparenter Einstieg in das Angebot
- Zu komplexe Startseiten mit zu vielen Informationen und Texten
- Zu lange Startseite, die die aus Sicht des Nutzers wichtigsten Informationen nicht im sofort sichtbaren Bereich anzeigen

So viel zur Theorie, kommen wir zur Praxis. Stellen Sie sich vor, Sie sind in eine neue Stadt gezogen und müssen sich einen neuen Zahnarzt suchen. Welche Fragen möchten Sie durch das Webangebot beantwortet wissen? Vielleicht stellen Sie sich jetzt solche oder ähnliche Fragen:

1 Wer ist der Zahnarzt? Wie sieht der aus? Ist das ein Mann oder eine Frau? Ist er jung oder alt? Ist er mir sympathisch?
2 Wie erfahren ist er? Was für Spezialgebiete hat er? Bietet er überhaupt die Leistung an, die ich benötige (z. B. ein Implantat)?
3 Wie sind die Sprechzeiten und muss ich da lange warten?
4 Wo ist die Praxis, komme ich da gut hin?

Die Startseite in unserem Beispiel (Abb. 4.3), gibt genau Antworten auf diese Fragen. Der große Teaser im Kopfbereich der Seite zeigt die beiden Ärzte und gibt einen guten Eindruck davon, mit was für „Menschen" man es zu tun hat (1. Frage). Das Leistungsspektrum ist im aufmerksamkeitsstärksten Inhaltsbereich kurz und knapp dargestellt (2. Frage). Kurze Informationen über die Erfahrung und Kompetenz der beiden Ärzte (2. Frage) sowie zum Thema Wartezeit (3. Frage) finden sich im mittleren und unteren Teil der Seite. Wichtige Informationen wie Kontaktdaten und Sprechzeiten sind im sofort sichtbaren Bereich platziert (3. und 4. Frage). Der eilige Besucher muss sich noch nicht einmal mehr durch die restliche Website klicken; alle Fragen sind zumindest kurz und knapp auf der Startseite beantwortet.

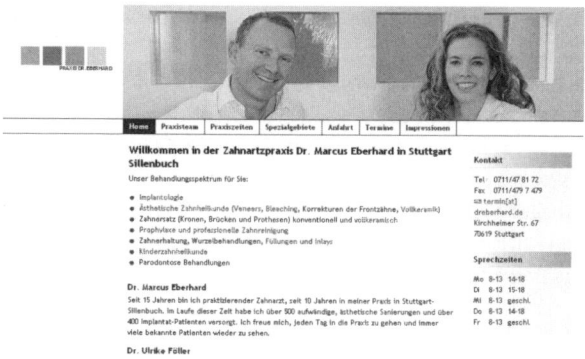

Abb. 4.3: Best Practice – Startseite einer Zahnarztpraxis (Quelle: www.dreberhard.de)

Schauen wir uns ein weiteres Beispiel an. Dieses Mal eine Unternehmens-Website im Business-to-Business-Umfeld mit technischen Produkten (Abb. 4.4). Genauso wie bei Online-Shops gilt: Um ein gutes visuelles Guiding zu erzielen, ist ein **großer Teaser besser als mehrere kleine Bilder.** Viele kleine Bilder sowie viele unterschiedliche Farben können dazu führen, dass die Seite (unnötig) komplex wirkt. Genau diesen Effekt kann man im Vorher-Nachher-Vergleich der Weidmüller-Website sehen. Die alte Website wirkt mit dem vierspaltigen Layout, den kleinen Bildern und vielen unterschiedlichen Farben (rote Überschriften, blaue, graue, rote und schwarze Hintergründe) sowie vielen Textinformationen unübersichtlich, unruhig und sehr textlastig.

Im neuen zweispaltigen Layout gibt es im sofort sichtbaren Content-Bereich einen **gut lesbaren Willkommenstext** (Wer sind wir) und **einen großen Haupt-Teaser** mit der wichtigsten aktuellen Information (Was machen wir, wofür stehen wir). Aktuelle Informationen sind auf Textlinks im linken Bereich sowie Produkt- oder Termin-Highlights in drei Boxen im unteren Teil der Seite reduziert worden, sodass der Textanteil deutlich gesunken ist. Auch die Anzahl der verwendeten Farben ist verringert worden: Texte sind nur noch schwarz und es gibt nur noch eine Hintergrundfarbe. Nebenbei: Der Suchschlitz (rechts oben) und das Logo (links oben) sind jetzt ebenfalls erwartungskonform platziert worden.

VORHER

...

NACHHER

Abb. 4.4: Best Practice – Startseite einer B-to-B-Corporate-Website (Vorher-Nachher) (Quelle: www.weidmueller.de)

Konzentrieren Sie sich auf die wesentlichen Botschaften, die Ihre Startseite transportieren soll, und haben Sie den Mut, sich von (für den Nutzer) weniger relevanten Informationen zu trennen.

Otto Bock ist ein Hersteller von Medizintechnik und wendet sich mit seinem Webangebot an drei Zielgruppen: Patienten, Ärzte und Therapeuten sowie Händler und Techniker. Diese drei Nutzergruppen haben sehr unterschiedliche Informationsbedürfnisse und lassen sich gut voneinander abgrenzen. In diesem Fall können **Zielgruppeneinstiege** auf der Startseite sehr hilfreich sein. Achten Sie bei der Gestaltung dieser Einstiege auf eine gute **Bild-Text-Interaktion** (aussagekräftige Bilder) sowie eine **überschneidungsfreie und eindeutige Bezeichnung der Zielgruppen,** wie man es auf der Startseite von Otto Bock sehen kann:

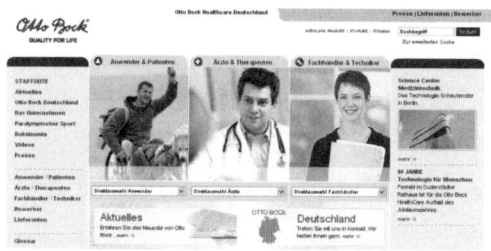

Abb. 4.5: Best Practice – Zielgruppeneinstiege auf einer B-to-C/B-to-B-Startseite (Quelle: www.ottobock.de)

4.1.3 SPRACHAUSWAHL UND LÄNDER-WEBSITES

Werden die Inhalte der Website auch in anderen Sprachen angeboten, dann kann die **Sprachauswahl** als horizontal angeordnete Textlinks in der Meta-Navigation dargestellt werden (Abb. 4.6 A). Achten Sie aber darauf, dass die aktuell ausgewählte Sprache deutlich gekennzeichnet und **nicht erneut klickbar** ist. Bei dieser Variante sind alle verfügbaren Sprachen sofort sichtbar, sie kann jedoch nur bei einer geringen Anzahl an verschiedenen Sprachen eingesetzt werden. Bei mehr als drei Sprachversionen empfiehlt sich eine Lösung mit **Pulldowns** (Abb. 4.6 B).

A) Textlinks   B) Pulldown

Abb. 4.6: Die Sprachauswahl als Textlinks oder Pulldown

Werden nicht nur unterschiedliche Sprachversionen ein und derselben Website angeboten, sondern existieren **Länder-Websites** mit eigenständigen Inhalten, dann kann die Auswahl über Pulldown-Menüs oder über eine Karte erfolgen. Wichtig ist, dass der Unterschied zu einer einfachen Sprachauswahl deutlich wird: Zum Beispiel über eine Kombination aus Textlinks für die Sprachauswahl und Pulldown für die Länderauswahl (Abb. 4.7 A) oder noch deutlicher über die **Länderauswahl per Karte** (Abb. 4.7 B). Eine Platzierung dieser Funktion im oberen Seitenbereich bzw. in der Meta-Navigation ist empfehlenswert.

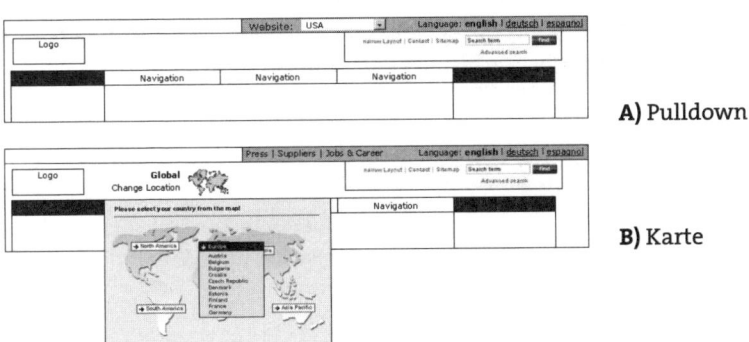

A) Pulldown

B) Karte

Abb. 4.7: Die Länderauswahl als Karte oder Pulldown

Eine zusätzliche Bebilderung der Sprachauswahl oder Auswahl der Länder-Websites durch kleine Flaggen ist in den meisten Fällen nicht notwendig. Häufig führt ihr Einsatz nur dazu, dass die vielen unterschiedlichen Farben die Seite unruhig wirken lassen und zu sehr vom eigentlichen Inhalt ablenken.

Ein unbedachter Einsatz der Flaggen kann sogar zu Verärgerung der Nutzer führen. Ein Engländer/Ire findet es vielleicht nicht besonders lustig, dass bei der englischen Sprachversion einfach die US-amerikanische Flagge zu sehen ist (oder umgekehrt). Es gibt nur ganz wenige Fälle, bei der die zusätzliche Visualisierung über Flaggen sinnvoll ist, z.B. wenn Sie eine Sprach- oder Länderauswahl außerhalb des lateinischen Schriftsystems anbieten (wie chinesisch, kyrillisch, griechisch etc.). Dann kann der Nutzer auch von der (versehentlich ausgewählten) chinesischen Länder-Website problemlos wieder auf eine für ihn „lesbare" Site wechseln.

4.1.4 DIE TEXTSUCHE

Die Suche auf Corporate Websites ist ein leidiges Thema: Erstens weil häufig die Qualität der Suchergebnisse zu wünschen übrig lässt und zweitens, weil anders als in Online-Shops häufig noch formale Gestaltungsfehler bei der Darstellung der Suchergebnisse gemacht werden und/oder wichtige Funktionen schlichtweg fehlen. Letzteres ist in der Regel mit relativ wenig Aufwand zu beheben. Sollten Sie jedoch die **Qualität der Suchergebnisse** aus technischen oder anderen Gründen nicht gewährleisten können, dann kann ich Ihnen nur den Rat geben:

Keine Suchfunktion ist besser als eine schlechte Suchfunktion. Wenn Sie eine Suchfunktion anbieten, dann müssen Sie auch damit rechnen, dass der Besucher sie benutzt und dann enttäuscht ist.

DIE SUCHMASKE

Der Suchschlitz wird entweder im oberen linken Teil oder im oberen mittleren bzw. rechten Teil der Website erwartet (vgl. Wilhelm 2005).

1			
7	8	9	
12	13	14	15
16	17	18	19	20
21	22	23	24	25

Abb. 4.8: Die Erwartungen der Nutzer zur Platzierung der internen Suche (Quelle: Wilhelm 2005)

Achten Sie bei der Gestaltung des Suchschlitzes darauf, dass dieser groß genug ist, sodass auch etwas längere Wörter und Mehrwort-Suchen komplett sichtbar sind. Wie soll der Nutzer sonst kontrollieren, ob er das Suchwort auch korrekt geschrieben hat?

SO NICHT ...   BESSER SO ...

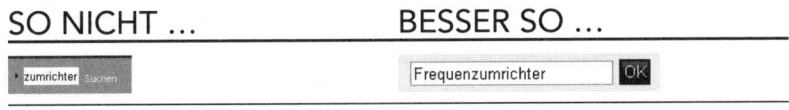

Abb. 4.9: Die Größe der Suchmaske

Eine gute interne Suche muss **fehlertolerant** bei Rechtschreibfehlern oder anderen Schreibweisen sein (z. B. Frequenzumrichter/Frequenz-Umrichter). Es sollte sich auch nicht auf die Qualität der Suchergebnisse auswirken, ob der Nutzer das Produkt in Einzahl/Mehrzahl oder als Synonym eingibt (z. B. Laptop/Notebook).

DIE SUCHERGEBNISSEITE

Eine gute Suchergebnisseite sollte
- übersichtlich sein,
- nach Relevanz sortiert sein (beste Treffer oben) und darüber hinaus alternative Sortier- und Filtermöglichkeiten anbieten,
- den Titel, den Fundort (z. B. Pfad auf der Website), das Aktualisierungsdatum und den Dateityp (Website, Word-, PDF-Dokument etc.) der Treffer anzeigen,
- in den Treffer-Kurzbeschreibungen einen Eindruck von dem gefundenen Inhalt geben,
- den aktuellen Suchbegriff wiederholen, Suchtipps geben sowie die Hauptnavigationsleiste einblenden.

Schauen wir uns ein positives Beispiel von der Firma ABB an (Abb. 4.10). Im großen Suchschlitz oberhalb der Treffer wird der **Suchbegriff wiederholt** und erinnert den Nutzer daran, was er gerade gesucht hat. Außerdem kann bei nicht erfolgreicher Suche sehr schnell eine neue Suche gestartet werden. Direkt im Umfeld der Sucheingabe wird eine **Hilfestellung zur Suche** (Suchtipps) angeboten. Ebenfalls gut sichtbar: Die Hauptnavigationsleiste, denn sie ist ja die alternative Navigationsmöglichkeit zur Textsuche. Die Seite wirkt übersichtlich, da zwischen den Suchtreffern **genügend Raum** gelassen wird (vgl. Gesetz der Nähe, Kapitel 2.2.5) und zusätzlich mit Linien gearbeitet wird (Gesetz der Geschlossenheit). Die Ergebnisse werden automatisch **nach Relevanz** sortiert, sodass die inhaltlich besten Treffer oben angezeigt werden. Im Übrigen ist es für das Verständnis nicht notwendig, dem Besucher die Relevanz der Treffer nochmals in Prozent oder mit Sternchen o.Ä. anzugeben. Neben der voreingestellten Sortierung nach Relevanz ist auch eine Sortierung **nach Aktualisierungsdatum oder Dateityp** möglich. Über die Reiter kann das Suchergebnis danach gefiltert werden, ob es sich um Informationen aus dem Bereich Produkte und Dienstleistungen oder um redaktionelle Beiträge handelt (zum Unterschied zwischen Filterung und Sortierung vgl. Kapitel 3.6.3 und 3.6.4). Die Treffer selbst zeigen den **Titel** der gefundenen Seite, den **Pfad** sowie den **Dateityp** (Webseite oder PDF-Dokument) unmissverständlich an. Die Kurztexte sind informativ und geben einen guten Eindruck über den gefundenen Inhalt, sodass der Nutzer entscheiden kann, ob der Treffer seinen Informationsbedürfnissen entspricht.

Abb. 4.10: Best Practice – die Suchergebnisseite auf www.abb.de

4.1.5 CONTENT-USABILITY – GUTES SCHREIBEN FÜR DAS WEB

Auf Corporate Websites geht es vor allem um **Informationen**. Aus diesem Grund spielen Texte und deren mediengerechte und zielgruppenspezifische Aufbereitung eine große Rolle für die wahrgenommene Usability des Angebots.

Das Leseverhalten im Web folgt eigenen Regeln. Wir lesen am Bildschirm 25 bis 30 % langsamer als einen Text auf Papier. Und wir lesen **unkonzentrierter und ungenauer**. Die geringe Zeichenauflösung, das Flimmern des Monitors und der direkte Blick in eine Lichtquelle erschweren das Lesen von Texten am Bildschirm. Die Konsequenz: Nutzer lesen Texte im Web nicht Wort für Wort, sondern suchen sich einige Wörter und Sätze heraus und überfliegen so den Text.

Online-Texte sollten nach dem **inversen Pyramiden-Prinzip** geschrieben werden. Der erste Abschnitt enthält die wichtigsten Informationen: Worum geht es? Was sind die zentralen Ergebnisse, Fakten und Schlussfolgerungen? Erst danach folgen Hintergründe und Details.

Es ist selbstverständlich, dass die Online-Texte aktuell und **ohne Rechtschreib- und Interpunktionsfehler** sind. Darüber hinaus sollten Texte im Web in einem „guten Stil" geschrieben sein, um das Vertrauen des Nutzers in die Glaubwürdigkeit und Seriosität der Quelle zu stärken.

Für einen guten Schreibstil gilt: Formuliere verständlich und gefällig.

VERSTÄNDLICHE TEXTE SCHREIBEN

Ob ein Text verständlich ist, hängt von der angesprochenen Zielgruppe ab. Die Verwendung von medizinischen Fachbegriffen kann für den Patienten unverständlich, in der Version für die Ärzte angemessen und sogar erwünscht sein. Wieder einmal sind Kenntnisse über die Besucher der Website hilfreich: Welchen „Expertenstatus" haben die Nutzer?

GEFÄLLIGE TEXTE SCHREIBEN

Folgendes Textbeispiel habe ich willkürlich aus dem Web kopiert:

„Mit der Öffnung der ersten DocMorris-Apotheke in Irland und dem Aufbau einer eigenen Apothekenkette in Schweden verfolgt Celesio konsequent ihre Strategie, bestehende Geschäfte in geografisch neuen Märkten zu etablieren. (...) Durch systematisches Personalmanagement und umfangreiche eigene Weiterbildungsprogramme können Apothekenketten eine qualitativ hochwertige Ausbildung ihrer pharmazeutischen Mitarbeiter in besonderem Maße sicherstellen." (Quelle: www.celesio.com, Pressemitteilung vom 13.08.2009)

Mit einfachen Maßnahmen kann dieser Text deutlich kompakter und gefälliger formuliert werden: Vermeiden Sie **abstrakte Wörter** und suchen Sie nach **konkreten und einfachen Begriffen**. In unserem Beispiel: Schreiben Sie von „Ländern", statt von „geografischen Märkten".

Streichen Sie mindestens **jedes zweite Adjektiv und Adverb** aus dem Text, denn Webnutzer bevorzugen einen faktischen und prägnanten Schreibstil. Adjektive und Adverbien erhöhen den Informationsgehalt eines Texts nur selten. Eine Strategie wird so gut wie immer „konsequent" verfolgt, natürlich ist eine „hochwertige" Ausbildung von hoher „Qualität", „Personalmanagement" ist immer „systematisch", sonst würde man nicht von Management sprechen, und es ist klar, dass es sich um „pharmazeutische" Mitarbeiter handelt, wir sprechen ja von Apothekenketten. Seien sie ebenso sparsam im Einsatz von **Modewörtern** wie cool, hip, trendy, chic etc. und **strapazierten Adjektiven** wie innovativ, kreativ, fundiert u.a.

Formulieren Sie **kurze Sätze**. Am besten sind einfache Hauptsätze, die maximal um einen Relativsatz ergänzt sind. Im Beispiel ist das zwar der Fall, jedoch ist der erste Satz sehr lang geraten.

Vermeiden Sie „Beamtendeutsch", sprich einen **Nominalstil**. Statt von der „Öffnung der ersten DocMorris-Apotheke und dem Aufbau einer eigenen Apothekenkette" kann man auch sagen, dass Celesio „die erste DocMorris Apotheke eröffnet" und eine eigene Apothekenkette „aufbaut".

So könnte unser neuer Text aussehen, ohne an Informationsgehalt zu verlieren:

„Celesio eröffnete in Irland die erste DocMorris-Apotheke und baute in Schweden eine eigene Apothekenkette auf. Damit erweitert Celesio die bestehenden Geschäfte in neue Länder. (...) Durch Personalmanagement und eigene Weiterbildungsprogramme können Apothekenketten eine hochwertige Ausbildung ihrer Mitarbeiter sicherstellen."

Weitere Maßnahmen: Blähen Sie Ihren Text nicht unnötig auf. Reden Sie schlicht von „Problemen" und nicht von „Problemstellungen", „Problematiken", „Problembereichen". Überprüfen Sie Ihren Text auf **Füllwörter** (z.B. „auch") und streichen Sie sie aus dem Text.

4.1.6 CONTENT-USABILITY – GUTES TEXTDESIGN

Nutzer lesen nicht, sie **scannen** die Seiten eines Webangebots. Es gibt eine Reihe von Gestaltungsmitteln, um dieses Leseverhalten zu unterstützen:

- Hervorhebung von Schlüsselwörtern
- Strukturierung des Texts mit Aufzählungszeichen, aussagekräftigen Überschriften und kurzen Textmodulen
- Kontrast von Hintergrund und Text
- Typografie, Schriftgröße und Zeilenabstand
- Zeilenlänge und Ausrichtung des Texts

DIE HERVORHEBUNG VON SCHLÜSSELWÖRTERN

Um Verwechslungen mit Links zu vermeiden, sollten die Hervorhebungen im Text **niemals unterstrichen** werden. Kursivdrucke sind schlecht lesbar, sodass Sie Hervorhebungen am besten **fett** setzen.

DIE STRUKTURIERUNG DES TEXTS

Überschriften dienen der schnellen Orientierung und ersetzen das ausführliche Lesen von Texten. Teilen Sie deshalb längere Textpassagen in themenbezogene Abschnitte auf und formulieren Sie aussagekräftige **Zwischenüberschriften,** die den Inhalt komprimiert wiedergeben. So kann der Nutzer gezielt auswählen, welche Information er lesen möchte. **Aufzählungen** erleichtern ebenfalls die schnelle Informationsaufnahme:

So profitieren Sie:

° Depot zu comdirect übertragen und exklusive Prämie sichern!

° Geldprämie in Höhe von 1 % (max. 249 Euro) des übertragenen Fondsvolumens[1]

Bis 30.11.2009
Depot wechseln!

° Bündeln Sie Ihre Depotwerte: Sie haben stets alles im Überblick

° Wir erstatten Ihnen die für Ihren Depotübertrag anfallenden Kosten

° **Günstige Konditionen und attraktive Rabatte:**

comdirect bietet Ihnen eine Vielzahl von Fonds zu reduzierten Ausgabeaufschlägen. Zusätzlich können Sie Vergünstigungen in Form von Rückzahlungen auf bereits gezahlte Ausgabeaufschläge in Höhe von 15 % bzw. 30 % erhalten, sofern Sie ein Gesamtvermögen von 25.000 bzw. 50.000 Euro bei comdirect besitzen. Mehr dazu unter www.comdirect.de/fondskonditionen.

° **Hohe Angebotsvielfalt:**

Bei comdirect wählen Sie aus einem attraktiven, unabhängigen Fondsangebot von mehr als 10.000 Fonds von 110 Fondsgesellschaften. Z. B. mit den comdirect FondsDiamanten sichern Sie sich außerdem Renditechancen ausgewählter Qualitätsfonds mit dauerhaft 0 Euro Ausgabeaufschlag.

Abb. 4.11: Gutes Textdesign durch Zwischenüberschriften, Hervorhebungen und Aufzählungen (Quelle: www.comdirect.de)

113

DER KONTRAST VON HINTERGRUND UND TEXT

Hintergrundbilder können eine **positive optische Wirkung** erzielen, erschweren jedoch das Lesen. Ein hoher Kontrast zwischen Hintergrundfarbe und Text erleichtert das Lesen, während mittlere Kontraste als besonders angenehm empfunden werden. Da der Benutzer beim Lesen am Monitor direkt in die Lichtquelle schaut, ist ein weißer Hintergrund mit schwarzer Schrift trotz des hohen Kontrasts zu vermeiden. Je heller der Monitor leuchtet, umso stärker werden die Sinneszellen auf der Netzhaut des Auges angeregt und umso schneller führt dies zur Ermüdung. Stark gesättigte Hintergrundfarben hingegen dominieren zu stark und erschweren die Erkennbarkeit der Buchstaben.

Empfehlenswert sind deshalb dezente Pastelltöne, die in den Hintergrund treten.

TYPOGRAFIE, SCHRIFTGRÖSSE UND ZEILENABSTAND

Bei der Typografie unterscheidet man zwischen **Serifenschriften** und **serifenlosen Schriften.** Serifen sind die kleinen Häkchen an den Buchstaben-Enden (vgl. Abb. 4.12). Populäre Serifenschriften sind Times New Roman oder Courier. Im Gegensatz zu den Printmedien sind jedoch Serifenschriften am Bildschirm **schlechter lesbar.**

Bekannte serifenlose Schriften sind Verdana und Arial. Verdana ist von Microsoft speziell für die Darstellung am Bildschirm entwickelt worden. Sie ist gerade in kleinen Größen gut am Bildschirm zu lesen, während Arial als **Proportionalschrift** (jedes Zeichen hat seine eigene Buchstabenbreite) wenig Platz benötigt und sich deshalb für große Textmengen eignet.

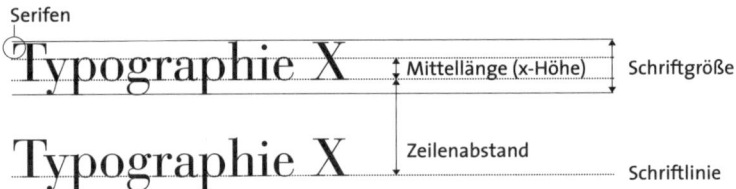

Abb. 4.12: Die Grundbegriffe der Typografie

Tipp: Verwenden Sie auf Ihrer Website grundsätzlich nur Standardschriften. Ist die Schrift im Browser des Besuchers nicht vorhanden, wird sie automatisch durch eine andere Schrift ersetzt.

Die Frage nach der optimalen **Schriftgröße** ist leider nicht ganz einfach zu beantworten und von mehreren Faktoren abhängig: Ältere Nutzer bevorzugen grundsätzlich wegen ihrer abnehmenden Sehkraft eine größere Schrift. Und es gilt im Web allgemein: Die Schrift sollte grundsätzlich **größer als in Printmedien** sein. Aber wie groß genau und vor allem in welcher Maßeinheit?

Die Schriftgröße kann im Web in em, in pt (points) oder px (Pixel) definiert werden. Em ist eine relative Maßeinheit und drückt die elementeigene Schrifthöhe einer Schriftart aus. Hat der Nutzer in seiner Standardschriftgröße 12 Punkt eingestellt, dann führt die Angabe 1,0 em bei der Programmierung des Angebots zu einer Darstellung in der Größe 12 Punkt beim Nutzer; bei 1,5 em jedoch zu einer Darstellung in 18 Punkt. Problematisch ist, dass die Darstellung der Website beim Nutzer nicht mehr vorhersehbar ist. Die Definition der Schriftgröße in points hat den Nachteil, dass sie auf dem PC deutlich größer (ca. 33 %) dargestellt wird als auf einem Mac-Bildschirm.

Bleibt noch die Definition der Schriftgröße in **Pixel.** Unabhängig von der Plattform wird die Schrift gleich groß dargestellt und auch das Layout der Website wird bei jedem Nutzer korrekt angezeigt. Leider kann der Nutzer die Schriftgröße nicht mehr selbst im Browser variieren.

In welcher Größe die Schrift am Bildschirm des Nutzers tatsächlich dargestellt wird, hängt auch von der **Bildschirmauflösung** ab. Sind Ihre Nutzer mit hochauflösenden Laptops auf der Website unterwegs, wird die Schrift deutlich kleiner dargestellt als bei einem PC-Bildschirm mit niedriger Auflösung.

Schlussendlich bestimmt auch noch die **x-Höhe der gewählten Typografie,** wie groß oder klein eine Schriftgröße wirkt. Times New Roman hat eine kleinere x-Höhe als Verdana und wirkt damit bei gleicher Pixel-Größe deutlich kleiner (vgl. Abb. 4.12).

Tipp: Definieren Sie die Schriftgröße in Pixel, diese sollten Sie jedoch lieber etwas größer als zu klein festlegen. Bleiben Sie bei einer Standardschrift in einem Bereich von 13–16 px (entspricht 10–12 Punkt). Ob Sie eher 13 oder 16 px definieren, sollten Sie davon abhängig machen, mit welcher Bildschirmauflösung, welchem Betriebssystem und welcher Zielgruppe Sie es zu tun haben. Hat Ihre Website sehr viele ältere Besucher, dann definieren Sie die Schriftgröße auf mindestens 16 px. Ob Ihre Nutzer mit Windows-PCs oder MACs unterwegs sind und welche Bildschirmauflösung sie eingestellt haben, können Sie mittels Tracking-Daten herausfinden (vgl. Kapitel 5.11).

ZEILENLÄNGE UND TEXTAUSRICHTUNG

Die **Zeilenlänge** hat einen wichtigen Einfluss auf die Lesbarkeit von Texten am Bildschirm. Wenn Textzeilen zu lang sind, hat das Auge Mühe, den Beginn der nächsten Zeile zu finden. Aber auch zu kurze Zeilenlängen erschweren das Lesen, da nur wenige Informationseinheiten per Fixation aufgenommen werden können. Eine moderate Zeilenlänge von **52–55 Zeichen pro Zeile** ist empfehlenswert, denn diese Zeilenlänge scheint den in normaler bis schneller Geschwindigkeit lesenden Nutzer am besten bei der Informationsaufnahme und -verarbeitung zu unterstützen. Unter Zeitdruck erhöhen die Testpersonen ihre Lesegeschwindigkeit, indem sie sowohl ihr Scrollverhalten verändern, als auch die Zeitspannen zwischen dem Scrollen reduzieren. Inwieweit Nutzer während des Scrollens auch lesen, ist noch wenig untersucht. Aber auch hier scheint die Zeilenlänge einen **Einfluss auf das Leseverhalten** zu haben. So wird vermutet, dass kurze Zeilen im Gegensatz zu langen Zeilen während des Scrollens gelesen werden (vgl. Dyson/Haselgrove 2001).

In westlichen Kulturkreisen unterstützt eine **linksseitige** Formatierung die Lesbarkeit, da sie der Leserichtung entspricht. **Vermeiden Sie Zentrierungen,** da es dem Auge sonst schwerfällt, den Zeilenanfang zu finden.

EINE DRUCKVERSION ANBIETEN

Auch wenn die Texte für das Lesen am Bildschirm optimiert sind, drucken Nutzer längere Artikel in der Regel aus, um sie in Papierform zu lesen. Auch Produktvergleiche finden häufig statt, indem die engere Produktauswahl ausgedruckt und nebeneinander auf den Tisch gelegt wird. Bieten Sie eine tinten- bzw. tonersparende **Druckversion** an, die auf Wunsch nur die Textinformationen ausdruckt.

→ Mehr Informationen zum Thema: Alkan, S. R.: 1x1 für Online-Redakteure und Online-Texter, Business Village, Göttingen 2006.

4.1.7 MIT DEM KUNDEN IN DIALOG TRETEN

DAS ANFORDERN VON INFORMATIONSMATERIAL

Machen Sie aus dem **Kontaktformular** zur Anforderung von Informationsmaterial keinen Fragebogen für Ihr nächstes Marktforschungsprojekt.

Bitten Sie den Nutzer wirklich nur um die Angaben, die für die Bearbeitung zwingend notwendig sind, und minimieren Sie die Anzahl der Pflichtangaben.

Warum muss der Besucher Telefonnummer, Geburtsdatum, Marke des aktuellen Fahrzeugs und den geplanten Zeitpunkt des Autokaufs angeben, wenn er einfach nur einen Prospekt des neuen 3er BMWs zugeschickt haben möchte? **Lange Formulare,** in denen viele persönliche Daten abgefragt werden, schrecken den Nutzer ab.

Sie können an dieser Stelle das Abonnement eines Newsletters anbieten, hüten Sie sich jedoch davor, eine Vorauswahl zu treffen. Nutzer fühlen sich dadurch bevormundet und beurteilen Sie als Anbieter im schlimmsten Fall als unseriös. Weitere Empfehlungen zur guten Gestaltung von Formularen lesen Sie bitte in Kapitel 3.7.4 nach.

KONTAKT

Das Internet ist anonym, und wenn Nutzer eine Anfrage an ein Unternehmen schicken, dann wollen sie genau diese Anonymität überwinden. Natürlich können Sie einfach ein nüchternes Kontaktformular anbieten. Besser ist es aber, wenn Sie Ihrem Unternehmen ein persönliches Gesicht geben, indem Sie **persönliche Ansprechpartner** mit Namen und Foto anbieten. Das schafft Vertrauen und gibt dem Besucher das Gefühl, dass seine Anfrage nicht im Daten-Nirwana entschwindet.

Abb. 4.13: Kontaktseite mit persönlichen Ansprechpartnern (Quelle: www.ottobock.de)

Auf die Kontaktseite gehören:
- Kontaktformular sowie eine E-Mail-Adresse
- Postanschrift
- Servicenummern sowie Servicezeiten
- ggf. Rückrufservice

Mit einem Rückrufservice können Sie dem Besucher anzeigen, dass Sie aktiv die Kontaktaufnahme mit ihm wünschen. Bei der Gestaltung sollten Sie darauf achten, dass die **Zeiten des Rückrufservices** gut sichtbar sind.

4.2 INFORMATIONSPORTALE

Schauen wir uns einmal die drei Startseiten in der folgenden Abbildung an. Sehen Sie auch eine gewisse **Konvergenz im Design** der Startseiten? Dieses Phänomen ist derzeit vor allem bei überregionalen Tageszeitungen und Zeitschriften erkennbar.

*Abb. 4.14: Startseiten von Informationsportalen im Vergleich
(Quellen: www.focus.de, www.sueddeutsche.de, www.spiegel.de)*

Aus Usability-Perspektive ist diese Standardisierung nicht zu kritisieren. Hilft es doch dem Nutzer, egal auf welchem News-Angebot er sich befindet, sich rasch zurechtzufinden. Aber kann es dann nicht passieren, dass es dem Nutzer irgendwann auch egal ist, auf welchem Angebot er sich gerade befindet?

Um einem Missverständnis vorzubeugen: Usability bedeutet nicht, dass alle Webangebote gleich aussehen müssen!

Funktionale Elemente wie zum Beispiel Navigationsleisten oder Suchen müssen entsprechend den Erwartungen der Nutzer platziert und gestaltet sein. Auch bei der Benennung von Rubriken und Funktionen sowie beim Design der Informationsarchitektur ist zu viel Eigenkreativität fehl am Platz. Diesen Anforderungen widerspricht es jedoch **nicht,** dass im Layout durchaus Kreativität erlaubt ist. Usability muss also nicht im eintönigen und auswechselbaren Design enden.

Ein gutes Beispiel ist das im August 2009 neu gestaltete Online-Angebot der Zeitschrift Stern (vgl. Ab. 4.15). Alle funktionalen Elemente sind **erwartungskonform platziert** (die horizontale Navigation oben, die Suche gut sichtbar im mittleren oberen Bereich, die Meta-Navigation im obersten Kopfbereich) und trotzdem wirkt die Seite modern und hebt sich visuell deutlich von den Konkurrenzangeboten Focus und Spiegel ab. Der große Bildaufmacher für die „Titelgeschichte" sowie die darunter liegende Bild-Leiste lassen die Seite **weniger textlastig** wirken. Farbverläufe in der Navigationsleiste und im Hintergrund sowie die Icons geben der ganzen Seite einen „Web 2.0 Look". Über den Sinn und die Verständlichkeit der grauen Icons kann man jedoch durchaus kontrovers diskutieren (vgl. auch Kapitel 2.3.3).

Abb. 4.15: Die Startseite von www.stern.de –
Erwartungskonform, aber nicht austauschbar

Der **Article Skimmer** der New York Times geht ganz neue Wege bei der Darstellung der Nachrichten (siehe http://www.nytimes.com/timesskimmer/). Das Layout will dem Nutzer ermöglichen, auch online die Zeitung einfach mal durchzublättern. Die Inhalte sind aufgrund der Rasterstruktur sehr gut vom Nutzer zu „scannen", insbesondere weil maximal zwölf Artikel dargestellt werden und deshalb **kein Scrollen** notwendig ist. Über die linke Navigationsleiste können wie gewohnt die Rubriken gewechselt werden.

4.3 ZUSAMMENFASSUNG

Das Ziel von Corporate Websites ist es, Kunden, aber auch anderen Stakeholdern **Informationen über Produkte und Services** zu vermitteln. Eine der Kernaufgaben einer Unternehmens-Website ist es, einen Eindruck davon zu hinterlassen, wer man ist und wofür man steht. Die **häufigsten Fehler,** die auf einer Unternehmens-Website gemacht werden:

- Fehlender Überblick über die Leistungen des Unternehmens
- Nicht transparenter Einstieg in das Angebot
- Zu komplexe Startseiten mit zu vielen Informationen und Texten
- Zu lange Startseite, die aus Sicht des Nutzers die wichtigsten Informationen nicht im sofort sichtbaren Bereich anzeigen

Überlegen Sie selbst, was die zentralen Fragen eines Besuchers Ihrer Website sind, und versuchen Sie Antworten auf diese Fragen bereits auf der Startseite zu geben. Bei klar voneinander abzugrenzenden Zielgruppen mit sehr unterschiedlichen Informationsbedürfnissen können **Zielgruppeneinstiege** auf der Startseite hilfreich sein.

Die Empfehlungen zum Screendesign und visuellen Guiding (vgl. Kapitel 2.2) sowie zu den Navigationsstrukturen und -konzepten (vgl. Kapitel 2.3) gelten auch für die Gestaltung von Startseiten informationsorientierter Websites.

Die **Sprachauswahl** kann als horizontal angeordnete Textlinks oder bei mehr als drei Sprachvarianten als Pulldowns in der Meta-Navigation angeboten werden. Existieren **Länder-Websites** mit eigenständigen Inhalten, kann die Auswahl über Pulldown-Menüs oder über eine Karte erfolgen. Wichtig ist, dass der Unterschied zu einer einfachen Sprachauswahl deutlich wird.

Eine Textsuche sollten Sie nur anbieten, wenn Sie eine gute **Qualität der Suchergebnisse** gewährleisten können. Der Suchschlitz wird entweder im oberen linken Teil oder im oberen mittleren bzw. rechten Teil der Website erwartet und sollte unbedingt groß genug bemessen sein. Eine gute **Suchergebnisseite** sollte übersichtlich und nach Relevanz sortiert sein, alternative Sortier- und Filtermöglichkeiten anbieten, den Titel, den Fundort (z.B. Pfad auf der Website), das Aktualisierungsdatum und den Dateityp (Webseite, Word-, PDF-Dokument etc.) der Treffer anzeigen und in den **Treffer-Kurzbeschreibungen** einen Eindruck von dem gefundenen Inhalt geben. Darüber hinaus sollte der aktuelle Suchbegriff gut sichtbar wiederholt, Suchtipps gegeben sowie die Hauptnavigationsleiste eingeblendet werden.

Da Internetnutzer am Bildschirm Texte eher „scannen" als lesen, sollten Online-Texte nach dem **inversen Pyramiden-Prinzip** geschrieben werden. Ein guter Schreibstil zeichnet sich durch **verständliche und gefällige Texte** aus. Benutzen Sie konkrete und einfache Begriffe, streichen Sie unnötige Adjektive, Adverbien und Füllwörter aus Ihrem Text, formulieren Sie kurze Sätze und vermeiden Sie ein „Beamtendeutsch".

Um das Leseverhalten am Bildschirm durch das **Textdesign** zu unterstützen, sollten Sie Schlüsselwörter hervorheben, Texte mit Aufzählungszeichen, aussagekräftigen Überschriften und kurzen Textmodulen strukturieren, einen guten Kontrast von Hintergrund und Text gewährleisten, auf Typografie, Schriftgröße, Zeilenabstand, Zeilenlänge und Ausrichtung des Texts achten sowie eine Druckversion anbieten.

Kontaktformulare zur Anforderung von Informationsmaterial sollten nur Angaben abfragen, die für die Bearbeitung zwingend notwendig sind, und die Anzahl der Pflichtangaben ist zu minimieren. Auf der Kontaktseite sollten Sie neben einer E-Mail-Adresse und einem Kontaktformular die Postanschrift, Servicenummern sowie Servicezeiten und ggf. einen Rückrufservice anbieten. Persönliche Ansprechpartner mit Namen und Foto auf der Kontaktseite schaffen Vertrauen.

Informationsportale wie Focus, Spiegel oder Stern funktionieren nach dem klassischen Advertising-Modell. Bei diesen Websites ist derzeit eine gewisse Konvergenz im Layout der Startseiten zu erkennen. Die Usability erfordert zwar eine **erwartungskonforme** und damit standardisierte Platzierung sowie Gestaltung von funktionalen Elementen wie z. B. Navigationsleisten oder der Suche. Jedoch gibt es trotz dieser Anforderungen immer noch **genügend kreativen Design-Freiraum,** um das eigene Webangebot von Konkurrenz-Websites visuell abzuheben.

5 USER CENTERED DESIGN

Die Grundidee des **User Centered Design** (benutzerzentriertes Design, im weiteren UCD) kann man einfach zusammenfassen: Der User ist König – und zwar für den **gesamten** Entwicklungsprozess eines Webangebots. Das Feedback und die Sichtweise des Nutzers sollen systematisch ab den frühen Entwicklungsphasen durch verschiedenste Erhebungsmethoden und Ansätze erfasst werden. Oder im Umkehrschluss: Einen Usability-Test kurz vor der Einführung der neuen Website durchzuführen, ist **kein** UCD.

Ein weiterer wichtiger Kerngedanke des UCD ist die **kontinuierliche und iterative** Vorgehensweise; d.h., es wird in mehreren, sich wiederholenden Schleifen getestet.

5.1 USER CENTERED DESIGN – PROJEKT-PHASEN UND TYPISCHE METHODEN

Alle Projektphasen bei der Entwicklung eines neuen Webangebots können von einer Vielzahl **empirischer Datenerhebungsmethoden** begleitet werden, um die Erwartungen, Anforderungen und Beurteilungen der Nutzer zu erfassen. Welche Methoden in welcher Phase konkret eingesetzt werden, sollte an die besonderen Erfordernisse des Projekts und vor allem an die Höhe des Budgets angepasst sein. In den einzelnen Phasen gibt es jedoch ganz typische Fragestellungen, die mit bestimmten Methoden(-kombinationen) beantwortet werden können (vgl. Abb. 5.1).

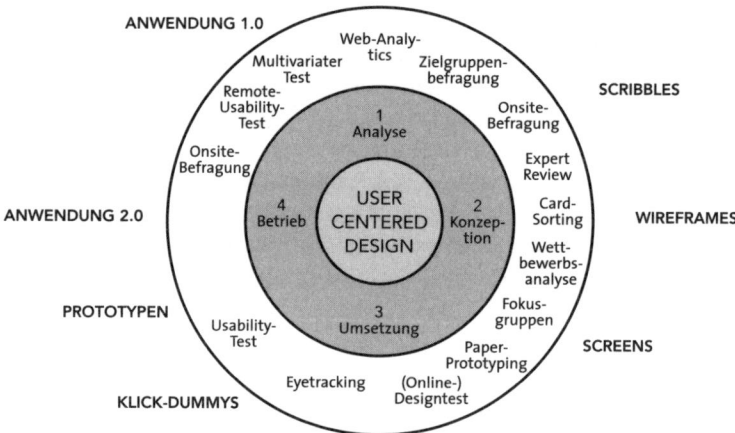

Abb. 5.1: Der UCD-Kreis – Projektphasen und Methoden

Hinweis: Unter dem Stichwort Usability-Engineering ist eine Reihe von Prozessmodellen entwickelt worden, wie z.B. der Usability Engineering Lifecycle (nach Mayhew), Usability Engineering Lifecycle (nach Nielsen), Scenariobased Design, Goal Directed Design, Contextual Design u.a. Häufig haben diese Modelle einen starken Bezug zur Softwareentwicklung und

ihre Übertragbarkeit auf Webangebote ist aufgrund des hohen Ressourcen-
aufwands nur bedingt möglich. Der vorgestellte UCD-Kreis ist **kein Prozess-
modell** im engeren Sinne, sondern ordnet in der Praxis populäre Methoden(-
kombinationen) typischen Phasen eines Web-Projekts zu.

PHASE 1: ANALYSE

In dieser Projektphase steht die Identifikation von problematischen Websi-
te-Bereichen und Verbesserungspotenzialen im Vordergrund. Darüber hinaus sollten grundlegende Informationen, z.B. über die Nutzerstruktur sowie Anforderungen und Erwartungen der Zielgruppen, an das Angebot
erhoben werden.

Für diese Phase typische Methoden: Web-Analytics zur Identifikation von
Problembereichen (vgl. Kapitel 5.11), expertenbasierte Ansätze zur Identifikation von Verbesserungspotenzialen (vgl. Kapitel 5.2), Onsite-Befragungen
zur Erfassung der Nutzerstruktur (vgl. Kapitel 5.4.1) und Zielgruppenbefragungen zur Erhebung von Erwartungen und Anforderungen (vgl. Kapitel
5.4.2).

PHASE 2: KONZEPTION

Im Projektteam werden Ideen für das neue Angebot gesammelt und zunächst in Form von **handgezeichneten Skizzen** (sog. Scribbles) und **Funktionslayouts** (sog. Wireframes oder Mock-Ups) festgehalten und in einem
weiteren Schritt von Designern mit Leben gefüllt (statische Screens). Bei einem Wireframe handelt es sich um eine grafische Darstellung des Layouts
mit den zentralen Elementen wie Navigationselemente, Inhaltsbereiche
und Bilder etc. sowie deren grobe Positionierung (vgl. beispielsweise Abb.
3.2). In dieser Phase wird in der Regel auch die Informationsarchitektur des
Angebots definiert.

Für diese Phase typische Methoden: Wettbewerbsanalysen (vgl. Kapitel
5.3) zur Generierung von Ideen für das neue Angebot, Fokusgruppen (vgl.
Kapitel 5.5) und Paper-Prototyping (vgl. Kapitel 5.6) zur ersten nutzerbasierten Überprüfung von Scribbles und Funktionslayouts, Designtests zur Überprüfung von Screens z.B. der Startseite (vgl. Kapitel 5.7) und Card-Sorting
zur nutzerbasierten Entwicklung der Informationsarchitektur (vgl. Kapitel
5.8).

PHASE 3: UMSETZUNG

Die Erkenntnisse aus Phase 1 und 2 werden dann in einem **Klick-Dummy** umgesetzt. Ein solcher Klick-Dummy besteht aus statischen HTML-Seiten und bildet ausgewählte Bereiche des Angebots ab. Er kann dabei helfen, ein Gefühl dafür zu bekommen, wie das Angebot „live" wirken wird. Auch die Überprüfung des Navigationskonzepts und der Informationsarchitektur ist mit einem solchen Dummy sehr gut möglich. Im Gegensatz zu einem Klick-Dummy sind bei einem (High-Fidelity)-**Prototyp** auch Interaktionsprozesse möglich, die umfangreiche Datenbankabfragen benötigen, wie z.B. die Durchführung einer Produktsuche oder Verfügbarkeitsabfragen von Artikeln.

Für diese Phase typische Methoden: Usability-Tests von Klick-Dummys und Prototypen (vgl. Kapitel 5.9) sowie Eyetracking zur Überprüfung der Aufmerksamkeitsverteilung wichtiger Seiten, z.B. der Startseite, Suchergebnisseiten etc. (vgl. Kapitel 5.10).

PHASE 4: BETRIEB

Auch im Live-Betrieb können Methoden eingesetzt werden, um kontinuierlich **Verbesserungspotenziale** zu identifizieren.

Für diese Phase typische Methoden: Onsite-Befragungen für kontinuierliche Zufriedenheitsbefragungen (vgl. Kapitel 5.4.1), Multivariate Tests (vgl. Kapitel 5.12) sowie Remote-Usability-Tests (vgl. Kapitel 5.9.3) zur kontinuierlichen Identifikation von Verbesserungspotenzialen.

5.1.1 USER CENTERED DESIGN FÜR DAS KLEINE BUDGET

Es ist ein verbreitetes Vorurteil, dass UCD nur für Projekte mit großem Budget infrage kommt. Um ein Angebot nutzerzentriert zu entwickeln, muss nicht immer das ganze Methodenarsenal ausgeschöpft werden. Eine **gezielte Auswahl** der durchzuführenden Studien eröffnet das größte Einsparungspotenzial. Verschaffen Sie sich also in den nachfolgenden Kapiteln einen Überblick über wichtige Methoden und entscheiden Sie selbst, welche Studien für Ihr Projekt unbedingt notwendig sind. In der folgenden Abbildung ist exemplarisch ein **reduzierter UCD-Prozess** dargestellt.

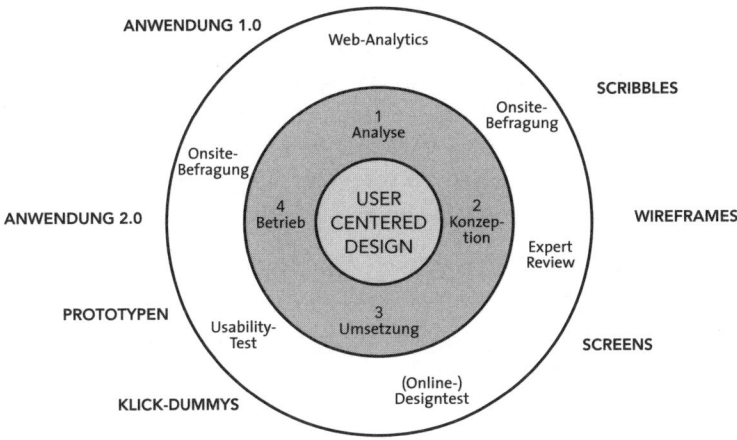

Abb. 5.2: UCD für das kleine Budget

Die rechnergestützte Analyse des Besucherverhaltens (**Web-Analytics**) und Identifikation von Schwachstellen auf der Live-Website kann zum Beispiel auch mithilfe kostenloser Tools wie Google Analytics erfolgen.

Eine **Onsite-Befragung** zur Analyse der Nutzerstruktur ist in jedem Fall immer zu empfehlen. Die Konzeption des Fragebogens sollten Sie den Profis überlassen (hier können sehr viele Fehler gemacht werden). Jedoch kann ggf. die technische Realisierung der Befragung in Eigenregie erfolgen.

Expertenbasierte Verfahren sind per se eine kostengünstige Alternative zu empirischen Studien und können dabei helfen, die größten Usability-Probleme des Angebots aufzudecken. Die Kosten für ein Expert Review lassen sich zusätzlich über die Anzahl der Usability-Experten, welche die Begutachtung durchführen, sowie die sorgfältige Auswahl der zu testenden Aspekte senken.

Designtests können im Labor oder kostengünstiger online durchgeführt werden. Aber auch Laborstudien sind erschwinglich, denn es gibt Dienstleister, die sog. **Omnibus-Tests** anbieten.

Zu einem 60-90-minütigen Test werden beispielsweise 15 Probanden eingeladen. In dieser Zeit nutzen und bewerten Testpersonen Konzepte und Web-Angebote von verschiedenen Auftraggebern. Die Fixkosten wie Testpersonen-Akquise, Labormiete etc. werden von mehreren Auftraggebern getragen, sodass eine Kostenersparnis gegenüber einer individuell durchgeführten Studie erreicht wird. Für Angebote mit sehr speziellen Zielgruppen ist ein solcher Omnibus-Test jedoch nicht geeignet, da meistens eine „durchschnittliche" Internetnutzerschaft in der Stichprobe abgebildet wird.

Einen **Usability-Test** zur Überprüfung wichtiger Interaktionsprozesse mit einem Prototypen oder Klick-Dummy ist fast immer empfehlenswert. Einsparungsmöglichkeiten können bei der Anzahl der Testpersonen sowie sorgfältigen Auswahl der zu testenden Bereiche und damit der Reduzierung der Testzeit realisiert werden. In der Regel reicht auch die Dokumentation mit einer einzigen Videokamera und mittels detaillierter Protokolle aus, um die relevanten Fragestellungen zu beantworten.

5.1.2 QUANTITATIVE VS. QUALITATIVE STUDIE?

Wenn es um Erhebungsmethoden geht, ist häufig die Rede von **„qualitativen" bzw. „quantitativen" Daten.** Ein grundlegendes Verständnis dieser beiden Datenqualitäten ist wichtig, um den Aussagegehalt von Studienergebnissen richtig beurteilen zu können.

Bei quantitativen Ansätzen wie beispielsweise einer standardisierten Online-Befragung wird die Realität in **numerischen Messwerten** abgebildet, die dann statistisch verarbeitet werden.

Es geht vor allem um die statistische Repräsentativität der Daten, d.h., dass man von dem Ergebnis der Stichprobe auf die Grundgesamtheit schließen kann.

Wenn 33 % der Befragten meiner Stichprobe (z.B. 500 zufällig ausgewählte Besucher der Website) sagen, dass sie die Startseite übersichtlich finden, dann ist der (induktive) Schluss zulässig, dass sich mit einer quantifizierbaren Fehlerwahrscheinlichkeit ein ähnlicher Wert ergeben hätte, wenn die Grundgesamtheit (alle Nutzer der Website) befragt worden wäre. Quantitative Methoden benötigen **große Stichproben** bzw. Datenpools, um gültige Aussagen machen zu können.

Qualitative Erhebungsmethoden erfassen die Realität mittels **verbaler Daten.** Es geht also nicht um die statistische Repräsentativität, sondern um eine **interpretative Beschreibung** der Beobachtungsrealität und **Identifikation kausaler Zusammenhänge.** Wenn in einem Usability-Test mit acht Testpersonen zwei Testpersonen ein Problem mit der Produktsuche haben, dann ist dieses Usability-Problem erkannt und die Ursachen können über Nachfragen sowie Beobachtung aufgedeckt werden. Dabei ist irrelevant, ob das Problem bei zwei, vier oder sechs Testpersonen auftritt. Es können keine Schlüsse darüber gezogen werden, **wie viele** Besucher des Live-Angebots genau dieses Problem bei der Website-Nutzung haben. Wichtig ist allein die Erkenntnis, dass die Schwäche existiert, welche Gestaltungselemente die Ursachen sind und wie diese behoben werden können.

In den folgenden Kapiteln werden nur die für die Praxis wichtigsten Usability-Methoden für Websites und Online-Shops vorgestellt. Neben diesen gibt es eine Vielzahl von Ansätzen aus der Software-Ergonomie, die teilweise sehr speziell oder auf Webangebote nicht anwendbar sind. Der interessierte Leser sei z. B. auf Sarodnick/Brau 2006 verwiesen.

5.2 EXPERT REVIEW / HEURISTISCHE EVALUATION

Methodischer Ansatz: Qualitativ

Methodenbeschreibung: Erfolgt die Begutachtung und Bewertung des Angebots nicht durch die Zielgruppe, sondern durch Usability-Experten, dann spricht man von **expertenbasierten Ansätzen.** Die heuristische Evaluation ist Anfang der 90er-Jahre von Jacob Nielsen entwickelt worden. Usability-Experten versetzen sich in die Lage des Nutzers und überprüfen unabhängig voneinander das Angebot nach den sog. Heuristiken. Diese sind sehr global formulierte Usability-Prinzipien, wie z. B. „ästhetisches und minimalistisches Design" oder „consistency and standards". Zum Abschluss vergleichen die Experten ihre identifizierten Usability-Probleme, ordnen diese nach Häufigkeit, bewerten die Schwere des Problems und erarbeiten Lösungsvorschläge. Mittlerweile gibt es eine Vielzahl von anderen Heuristiken, Guidelines und Checklisten, nach denen sog. **Expert Reviews** durchgeführt werden.

Stärke der Methode / Einsatzzeitpunkt: Sie ist eine **zeiteffiziente** und **kostengünstige** Alternative zu empirischen Studien und kann sehr gut zu **Beginn eines Projekts (Analysephase)** eingesetzt werden, z. B. bei der Begutachtung der Live-Websites und Identifikation von Optimierungspotenzialen für die neue Version. Aber auch die Begutachtung von (Papier-) Prototypen bzw. auch statischer Screens ist möglich **(Konzeptionsphase).**

Das sollten Sie beachten: Die Qualität der Evaluationsergebnisse hängt stark von dem Wissen der Usability-Experten ab. Überprüfen Sie, ob nicht nur Usability-, sondern auch Branchenwissen bei den Experten vorhanden ist. Und fragen Sie nach, ob Sie nur eine Sammlung von Usability-Problemen oder ob Sie auch konkrete Verbesserungsempfehlungen erhalten (z. B. visualisiert in Form von Funktionslayouts).

Hinweis: „Cognitive Walkthrough" oder „Pluralistic Walkthrough" zählen ebenfalls zu den expertenbasierten Methoden. Im Gegensatz zu der heuristischen Evaluation / den Expert Reviews geht es weniger um die Optimierung des Interface, als vielmehr um die Erfassung der mentalen

Prozesse der Nutzer, um komplexe Interaktionssequenzen nutzungsgerecht zu gestalten. Der interessierte Leser sei verwiesen auf Stoessel 2002, S. 61–74.

5.3 WETTBEWERBSANALYSEN

Methodischer Ansatz: Qualitativ bei der Bewertung durch Experten, quantitativ bei der Bewertung durch den Nutzer.

Methodenbeschreibung: Die Webangebote ausgewählter Mitbewerber werden mit dem eigenen Angebot auf verschiedenen Dimensionen wie Usability, Utility, Joy of Use, Design etc. verglichen. Die Bewertung kann durch Experten oder Nutzer im Rahmen einer Online-Panelbefragung (vgl. Kapitel 5.4.2) bzw. eines asynchronen Remote-Usability-Tests (vgl. Kapitel 5.9.3) erfolgen.

Stärke der Methode / Einsatzzeitpunkt: Mithilfe der Wettbewerbsanalyse kann die Positionierung des eigenen Angebots im Konkurrenzumfeld bestimmt werden. Insbesondere die expertenbasierte Variante ist eine **kostengünstige Alternative.** Gleichzeitig generiert diese Methode Ideen und Best-Practice-Beispiele und ist deshalb besonders sinnvoll in der **Konzeptionsphase.**

Das sollten Sie beachten: Bei den expertenbasierten Wettbewerbsanalysen ist zwischen rein deskriptiven Inhaltsanalysen von Wettbewerbsangeboten und Bewertungen durch Branchenexperten zu unterscheiden. Letzteres liefert rein subjektive Einschätzungen und die Gültigkeit ist stark abhängig vom Branchenwissen der Experten.

5.4 BEFRAGUNGEN

5.4.1 NUTZERSTRUKTURANALYSEN UND PERSONAS MIT ONSITE-BEFRAGUNG

1. NUTZERSTRUKTURANALYSEN

Methodischer Ansatz: Quantitativ

Methodenbeschreibung: Die Besucher eines Webangebots werden online vor, während oder nach der Nutzung zu soziodemografischen Merkmalen, Interessen und Meinungen, Nutzungsintentionen, Anforderungen und Erwartungen bei Inhalten, Funktionen, Services, Design etc. befragt (sog. Onsite-Befragung).

Stärke der Methode / Einsatzzeitpunkt: Eine **repräsentative Erfassung der Nutzerstruktur** sowie der **Erwartungen und Anforderungen** der Nutzer des Angebots sind nur mit dieser Methode möglich. Da das Wissen über die Nutzer Basis für alle UCD-Maßnahmen sein sollte, ist eine solche Studie **zu Beginn eines Web-Projekts (Analysephase)** durchzuführen. Um sinnvolle statistische Auswertungen machen zu können (z.B. Unterschiede zwischen unterschiedlichen Nutzergruppen), sollte die Stichprobe mindestens 400–600 Befragte umfassen. Demnach ist die Dauer der Umfrage stark von den Besucherzahlen auf dem Webangebot abhängig.

Das sollten Sie beachten: Geben Sie sich nicht mit vorgefertigten Standard-Fragebögen zufrieden. Der Dienstleister sollte mit Ihnen ein **individuelles Fragebogenkonzept** im Rahmen eines Kick-Off-Workshops erarbeiten. Und wie sieht es mit den technischen Features der eingesetzten Befragungssoftware aus, wie z.b. mehrstufige Filterführung und Variationen bei Fragen und Antwortvorgaben, Online-Reporting, Gestaltung des Fragebogens in Ihrem Layout etc.?

Gegebenenfalls können Sie die technische Realisierung auch in Eigenregie durchführen; entweder komplett mit eigenen Ressourcen oder über den Einsatz kommerzieller Befragungssoftware, die auch für einzelne Umfrage-Projekte gemietet werden kann (z.B. bei Globalpark oder Rogator u.a.).

2. PERSONAS

Methodenbeschreibung: Die Daten der Onsite-Befragung können dazu genutzt werden, mittels statistischer Verfahren **(Clusteranalyse)** homogene Nutzergruppen zu ermitteln und sog. Personas zu bilden. **Personas** sind archetypische Nutzer eines Webangebots. Für jede Nutzergruppe wird ein typischer Nutzer mit Namen, Gesicht, einem Privatleben, Werdegang, Verhaltensweisen, Vorlieben, Erwartungen etc. definiert.

Stärke der Methode / Einsatzzeitpunkt: Personas helfen dem Projektteam, die Nutzer besser zu verstehen, und fördern somit eine **Konzentration auf die tatsächlichen Bedürfnisse und Erwartungen** der Nutzer bei der Konzeption und Programmierung des Angebots.

Das sollten Sie beachten: Die Modellierung von Personas erfordert viel Knowhow und Erfahrung. Fragen Sie also nach Referenzen ähnlicher Projekte, möglichst aus Ihrer Branche.

5.4.2 ZIELGRUPPENBEFRAGUNGEN MIT ONLINE-PANELS

Methodischer Ansatz: Quantitativ

Methodenbeschreibung: Neben der Befragung von Nutzern eines Webangebots können Befragungen auch in einem sog. (passiv rekrutierten) **Online-Access-Panel** durchgeführt werden. Internetnutzer registrieren sich beim Panel-Anbieter und erklären sich bereit, an Befragungen und (Online-)Tests teilzunehmen. Für die Teilnahme an Studien erhalten die Nutzer geldwerte Punkte, Teilnahme an Auslosungen, Spendenoptionen etc. Von den Panel-Teilnehmern sind neben der Soziodemografie eine Vielzahl von Interessen, Verhaltensweisen und Einstellungen bekannt, sodass eine gezielte Auswahl und Befragung von Zielgruppen möglich ist.

Stärke der Methode / Einsatzzeitpunkt: Mithilfe eines Online-Panels können auch **schwer erreichbare Zielgruppen** kostengünstig befragt werden, z.B. wenn Sie wissen möchten, wie Ihr neues Startseiten-Konzept von Kunden der Konkurrenz beurteilt wird. Auch **Benchmarking-Analysen,** bei denen die Zielgruppen sowohl Ihr Webangebot als auch die Angebote ausgewählter Konkurrenten bewerten, sind gut über Online-Panel-Befragungen realisierbar. Im Gegensatz zu Onsite-Befragungen liegen die Antworten in einem **vorhersehbaren Zeitraum** vor, in der Regel innerhalb von vier bis fünf Tagen. Zielgruppenbefragung helfen dabei, den Status quo eines Webangebots zu erfassen (Wie wird mein Angebot von den Nutzern wahrgenommen und beurteilt? Wie stehen wir im Vergleich zu den Mitbewerbern da?) und sind deshalb in der **Analysephase** besonders sinnvoll.

Das sollten Sie beachten: Fragen Sie nach, wie das Online-Panel betreut wird (z.B. regelmäßige Aktualisierung der Nutzerprofildaten, Nachfassaktionen bei nicht beachteten Einladungen zu Studien, Identitätskontrollen etc.) und wie die **durchschnittlichen Ausschöpfungsquoten** bei Befragungsprojekten sind. Letztere sind ein guter Indikator, wie gepflegt das Panel ist. Und: Werden Plausibilitätsprüfungen und Zeitmessungen beim Ausfüllen der Fragebögen durchgeführt?

5.4.3 KANO-ANALYSEN

Methodischer Ansatz: Quantitativ

Methodenbeschreibung: Mithilfe des von Dr. Noriaki Kano entwickelten Modells können Anforderungen der Nutzer an das Webangebot in fünf Kategorien eingeteilt werden (vgl. Abb. 5.3):

- **Basisanforderungen:** Was wird heute selbstverständlich erwartet und muss deshalb auf dem Angebot bereitgestellt werden?
- **Leistungsfaktoren:** Welche Elemente/Funktionen sollten angeboten werden?
- **Begeisterungsfaktoren:** Wodurch lassen sich die Nutzer derzeit begeistern?
- **Indifferente Faktoren:** Gibt es auch Elemente, die vernachlässigt werden können?
- **Reverse-Faktoren:** Sollte auf Elemente ganz verzichtet werden, da sie Unzufriedenheit stiften?

Eine Kano-Analyse kann als Onsite-Befragung oder als Panelbefragung realisiert werden.

Stärke der Methode / Einsatzzeitpunkt: Die Kano-Analyse führt zu einem vertieften Verständnis der **Kundenanforderungen.** Ressourcen können gezielt auf die Funktionen und Services gelenkt werden, welche den höchsten Beitrag zur Steigerung der Kundenzufriedenheit leisten bzw. sogar Begeisterung auslösen können. Die Erkenntnisse aus der Kano-Analyse sind eine wertvolle Basis für die Konzeption des Webangebots und sie sollte deshalb **zu Beginn des Projekts (Analysephase)** durchgeführt werden.

Das sollten Sie beachten: Die zu bewertenden Inhalte und Funktionen müssen den Befragten anschaulich und ggf. auch mit multimedialen Hilfsmitteln beschrieben werden.

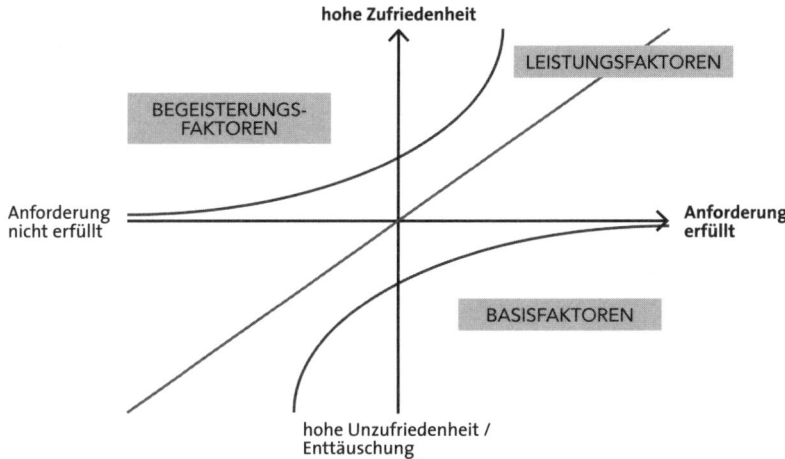

Abb. 5.3: Basis-, Leistungs- und Begeisterungsfaktoren des Kano-Modells (Quelle: www.eResult.de)

5.5 FOKUSGRUPPEN

5.5.1 FOKUSGRUPPEN IM LABOR

Methodischer Ansatz: Qualitativ

Methodenbeschreibung: Ursprünglich von Levin in der Kleingruppenforschung eingesetzt, sind Fokusgruppen (oder Gruppendiskussionen) heute eine praxisrelevante und weit verbreitete **Marktforschungsmethode** und können auch dazu genutzt werden, um mit Nutzern oder Experten über Usability-Aspekte eines Angebots zu diskutieren.

Stärke der Methode / Einsatzzeitpunkt: Fokusgruppen erlauben es, auf ökonomische Weise eine **große Bandbreite** an Meinungen, Einstellungen über und Reaktionen auf das Webangebot bzw. auf Konzepte zu erheben. So können Fokusgruppen mehr Äußerungen und Ideen generieren als Einzelinterviews, z.B. im Rahmen eines Usability-Tests, da die Gesprächssituation alltäglichen Situationen entspricht und somit auch eine entspannte Atmosphäre herrscht. Im Diskussionsprozess werden Meinungsdispositionen erkennbar und es gibt auch Gelegenheit, widersprüchliche Meinungen zu äußern. Fokusgruppen werden in der **Konzeptionsphase** eingesetzt, um z.B. ein qualitatives Nutzerfeedback zu Funktionslayouts und ersten Screens einzuholen.

Das sollten Sie beachten: Meinungen in Fokusgruppen **tendieren zur Konformität**. Durch gruppendynamische Anpassungsprozesse können sich Gruppenmeinungen herausbilden, die eine individuelle Meinungsäußerung verhindern. Vielredner und Meinungsführer, die eine Diskussion stark dominieren, sowie Schweiger, die sich grundsätzlich der Diskussion verweigern, gehören zu den weiteren Problemen dieser Methode. Die Moderation von Fokusgruppen sollte deshalb nur von **erfahrenen und speziell ausgebildeten Personen** durchgeführt werden.

Bei der Gruppenzusammensetzung ist darauf zu achten, dass die Teilnehmer vom Diskussionsgegenstand betroffen sind. Steht die Erhebung einer großen Bandbreite an Meinungen und Urteilen im Vordergrund, sind die Gruppen in Bezug auf andere Personenmerkmale, wie z.B. Alter, Geschlecht, Online-Nutzungsverhalten etc., die einen Einfluss auf die Meinungen und Einstellungen zum Diskussionsgegenstand haben können, möglichst heterogen zusammenzusetzen (vgl. Lamnek 1998, S. 96).

Zur Anzahl der durchzuführenden Fokusgruppen: Erfahrungsgemäß werden nach drei bis fünf Diskussionen zum selben Gegenstand nur geringfügig neue Informationen generiert.

5.5.2   ONLINE-FOKUSGRUPPEN

Methodischer Ansatz: Qualitativ

Methodenbeschreibung: Bei Online-Fokusgruppen treffen sich die Teilnehmer mit einem Moderator in einem **virtuellen Diskussionsraum,** in dem zu vorgegebenen Themen synchron und textbasiert miteinander kommuniziert wird. Über den heimischen PC wählen sich die Teilnehmer per Internetverbindung in einen Chatraum ein, der an die speziellen Bedürfnisse der Marktforschung technisch angepasst wurde.

Stärke der Methode / Einsatzzeitpunkt: Im Vergleich zu ihrem klassischen Pendant sind Online-Fokusgruppen zeit- und kostenökonomischer, flexibler und falls notwendig über nationale Grenzen hinweg durchführbar. Die Teilnehmer verbleiben in ihrer gewohnten Umgebung und fühlen sich deshalb freier, ihre Meinung kundzutun, sodass auch **sensible Themen** gut diskutiert werden können. Ansonsten schwierig zu akquirierende Zielgruppen, beispielsweise aus dem B-to-B-Bereich, sind besser für Online-Diskussionen zu gewinnen. Auch können Teilnehmer mit einem seltenen Persönlichkeits- oder Kaufprofil, die in den verschiedensten Regionen wohnen, kostengünstig zu einer Online-Diskussionsrunde zusammengeführt werden.

Das sollten Sie beachten: Bei Online-Fokusgruppen können **Störeinflüsse** während der Datenerhebung **nur bedingt kontrolliert** werden. So kann nicht ausgeschlossen werden, dass die Kommentare eines Teilnehmers möglicherweise durch externe Dritte beeinflusst werden oder Teilnehmer während der Diskussion im Web surfen, sich vom PC entfernen etc. und episodenweise nicht mehr an der Diskussion teilnehmen. Die Ergebnisqualität von Online-Fokusgruppen kann jedoch vergleichbar hoch sein wie in konventionellen Fokusgruppen, wenn mit den Online-Teilnehmern zuvor ein Training durchgeführt wurde, das auf die besondere Kommunikationssituation synchroner Online-Diskussionen eingeht (vgl. Yom 2003).

5.6   PAPER-PROTOTYPING

Methodischer Ansatz: Qualitativ

Methodenbeschreibung: Die zentralen Website-Elemente (z.B. Navigationselemente, Texte, Bilder) werden auf Papier aufgezeichnet, ausgeschnitten und auf einem Papier, das die Website darstellt, wieder angeordnet. In dem Test „nutzt" die Testperson den Papier-Prototyp, als sei er das reale Webangebot, spricht seine Gedanken dabei laut aus und zeigt auf die Ele-

133

mente, die er anklicken würde. Der Versuchsleiter simuliert das System-feedback auf die Nutzerhandlungen, indem er die entsprechende Interaktionsfolge als Papier-Element vorlegt. Paper-Prototyping wird in der Praxis mit ca. **acht bis zehn Testpersonen** durchgeführt. Neben grundlegenden Interaktionsprozessen kann geprüft werden, ob alle erwarteten Funktionen vorhanden sind und Inhalte und funktionale Elemente erwartungskonform positioniert und priorisiert sind.

Stärke der Methode / Einsatzzeitpunkt: Ohne Programmieraufwand können erste Konzepte, die nur als Scribbles oder Wireframes vorliegen, mit der Zielgruppe **in der frühen Konzeptionsphase** getestet werden. Anordnung und Gestaltung von Website-Elementen, Bezeichnungen und Beschriftungen von Elementen können schnell geändert werden. Fehlen Elemente, können diese spontan mit Papier, Stift und Schere „nachgebaut" werden. Durch die kreative Atmosphäre und direkte Veränderbarkeit der Papier-Prototypen erarbeiten die Testpersonen überdurchschnittlich viele Vorschläge.

Das sollten Sie beachten: Um Paper-Prototyping durchführen zu können, sind **klar definierte Interaktionsprozesse** (Was passiert wann?) sowie deren Übersetzung in Rohentwürfe notwendig.

5.7 ONLINE-DESIGNTEST

Methodischer Ansatz: Quantitativ

Methodenbeschreibung: Beim Online-Designtest bewerten die Teilnehmer (i.d.R. aus einem Online-Panel) per standardisiertem Online-Fragebogen Designvarianten eines Webangebots **auf verschiedensten Dimensionen** (z.B. Attraktivität, Übersichtlichkeit etc.). Die Teilnehmer beurteilen zunächst jede Variante einzeln und geben dann nach erneuter Vorlage aller Designs ein Ranking ab. Oder es werden schrittweise Paarvergleiche von zwei Designs durchgeführt. Dabei ist die jeweils bevorzugte Variante Vergleichsbasis für den nächsten Paarvergleich.

Stärke der Methode / Einsatzzeitpunkt: Mit einem Online-Designtest erhält man **in der frühen Konzeptionsphase** ein repräsentatives Nutzerfeedback zu alternativen Designvarianten und kann auf diese Weise das ideale Design aus Sicht der Zielgruppe identifizieren. Die Datenerhebung über ein Online-Panel gewährleistet einen schnellen Erkenntnisgewinn.

Das sollten Sie beachten: Die Designvarianten sollten den Befragten rotierend vorgelegt werden, um Reihenfolgeeffekte zu vermeiden, wenn Bewertungsunterschiede aufgrund einer bestimmten Abfolge der Designs zustande kommen. Auch sollten sich die Varianten **visuell deutlich vonei-**

nander unterscheiden, damit Unterschiede überhaupt gemessen werden können. Bei einem Online-Konzepttest wird nur das Design, nicht die Bedienbarkeit getestet.

5.8 CARD-SORTING

Methodischer Ansatz: Quantitativ

Methodenbeschreibung: Die Testpersonen sortieren die auf Karten geschriebenen Inhalte des Webangebots zu Gruppen. Beim **offenen** Card-Sorting sind die Nutzer frei, die gebildeten Gruppen (= Rubriken) selbst zu benennen. Beim **geschlossenen** Card-Sorting ordnen die Testpersonen die Karten vorgegebenen Rubriken zu. Bei einem **mehrstufigen** Card-Sorting werden die gebildeten Gruppen des ersten Durchgangs in einem weiteren Schritt zusammengefasst. Auf diese Weise können folgende Fragestellungen beantwortet werden: Wie viele Hauptrubriken sind aus Sicht der Zielgruppen erforderlich? Wie sollen die Haupt- und Unterrubriken benannt werden und welche Inhalte sollen den Hauptrubriken zugeordnet werden? Als formales Ergebnis erhält man eine Sitemap, die dem mentalen Modell der Nutzer entspricht.

Stärke der Methode / Einsatzzeitpunkt: Mit einer Card-Sorting-Studie können große Informationsmengen aus Nutzersicht strukturiert werden. Die so entwickelten Informationsstrukturen und Benennungen der Rubriken haben eine hohe Nutzerakzeptanz und erhöhen die Wahrscheinlichkeit, dass Informationen und Produkte auf dem Webangebot aufgefunden werden. Für die Durchführung der Studie wird kein Prototyp benötigt, sondern nur eine Übersicht, welche Inhalte später bereitgestellt werden sollen. Card-Sorting-Tests werden in der Regel **zu Beginn der Konzeptionsphase** durchgeführt.

Das sollten Sie beachten: Die Bezeichnung der zu sortierenden Inhalte, also die Begriffe auf den Karten, müssen **verständlich, eindeutig und überschneidungsfrei** sein. Hierzu empfiehlt es sich, im Vorfeld einen moderierten Workshop mit dem Projektteam durchzuführen. Die Ergebnisse der Card-Sorting-Studie werden mittels statistischer Verfahren ausgewertet. Um eindeutige Informationsstrukturen abbilden zu können, müssen die Stichproben **mindestens 30 Testpersonen** umfassen. Bei großen Informationsmengen (z. B. Intranets) können die Stichproben auch auf mehr als 100 Probanden ansteigen.

5.9 USABILITY-TESTS

5.9.1 KLASSISCHER USABILITY-TEST IM LABOR

Methodischer Ansatz: Qualitativ

Methodenbeschreibung: Bei einem Usability-Test werden Probanden in das Teststudio eingeladen und nutzen dort das Webangebot mit und ohne Vorgabe konkreter Aufgabenstellungen, wie z.b. die Durchführung einer Bestellung, Suche eines Produkts etc. (sog. **szenariobasierte Nutzung**). Während der Aufgabenbearbeitung werden spontane Kommentare, Beurteilungen und die Wiedergabe von Gedanken (sog. **Protokolle lauten Denkens**) sowie Handlungen und Entscheidungen video- und/oder rechnergestützt dokumentiert. In der Regel wird das Geschehen in einen zweiten Raum übertragen und dort von einem Testleiter parallel protokolliert. Im Anschluss an die Nutzung finden qualitative Einzelinterviews statt, in der die Testpersonen ausgewählte Seiten des Angebots im Detail bewerten und aufgetretene Probleme reflektieren.

Dieser rein qualitative Ansatz kann durch **apparative Methoden** wie Eyetracking (vgl. Kapitel 5.10) zur Messung der Aufmerksamkeitsverteilung ergänzt werden. Auch die Ermittlung von **Performanzwerten** auf Basis von Mausbewegungen und Klickhandlungen sowie die Analyse der Such- und Surfpfade (sog. **Clickstreamanalyse**) der Testpersonen sind möglich. Eine standardisierte Befragung ist aufgrund der Art der Stichprobenziehung und der geringen Anzahl der Testpersonen nicht sinnvoll.

Die Durchführung von Usability-Tests ist **zeit- und personalintensiv:** Auf eine Testperson kommen in der Regel zwei Versuchsleiter (einer führt die Interviews, der andere protokolliert Aussagen und Events während des Tests) und eine Sitzung dauert zwischen 60 und 120 Minuten.

Stärke der Methode / Einsatzzeitpunkt: Mit einem Usability-Test können akute Probleme bei der Handhabung des Angebots identifiziert werden. Die Stärke dieser Methode liegt also in der **Überprüfung der Interaktionsprozesse**. Aus diesem Grund sind Prototypen mit ausreichendem Funktionsumfang notwendig. Usability-Tests sind deshalb in der **Umsetzungsphase** besonders erkenntnisreich. In der Praxis werden die Tests jedoch häufig auch in der **Analysephase** oder im **Live-Betrieb** durchgeführt, um Wissen für die Neukonzeption des neuen Angebots zu generieren bzw. zur Erfolgskontrolle.

Über die direkte Interaktion von Testperson und Versuchsleiter können Ursachen für Probleme eindeutig geklärt und Verbesserungsvorschläge und Ideen aus Sicht der Zielgruppe generiert werden.

Neben der Identifikation von Usability-Problemen können auch das Design, die Informationsarchitektur sowie weiche Faktoren (z.B. Emotionalität, Spaß bei der Nutzung der Website etc.) bewertet werden. Nicht zu unterschätzen sind die Videoaufzeichnungen aus den Tests: Sie können sehr hilfreich sein, um Ergebnisse des Tests überzeugend an Mitarbeiter innerhalb und außerhalb des Projektteams zu kommunizieren.

Das sollten Sie beachten: Die Ergebnisse von Usability-Tests basieren auf kleinen Stichproben (8–20 Personen). Umso wichtiger ist eine **professionelle Rekrutierung** der Testpersonen. Fragen Sie nach, wie das sog. „Screening" (Auswahlverfahren und -merkmale bei Bildung der Stichprobe) der Teilnehmer abläuft und wie gewährleistet wird, dass keine „Dauertester" die Ergebnisse verfälschen.

Für die Probanden ist die Testsituation ungewohnt. Aus diesem Grund sollte das Usability-Labor über möglichst unauffällige technische Geräte verfügen (z.B. rechnergestützte Bildschirmübertragung, kleine oder eingebaute Mikrofone etc.) und eine angenehme „Wohnatmosphäre" verbreiten.

Trotz der scheinbar langen Erhebungszeit von 60–120 Minuten pro Proband ist jede Minute Erhebungszeit kostbar. Überlegen Sie, welche **konkreten Fragestellungen** Sie durch den Test beantwortet haben möchten. Denn je genauer Sie die Testbereiche definieren und je konkreter Sie die Fragestellungen formulieren, desto erkenntnisreicher und verwertbarer werden die Ergebnisse für Sie sein: „Wird der Button xy auf der Seite z wahrgenommen und genutzt? Ist er verständlich benannt? Wenn nicht, wie soll er benannt werden?" ist besser als „Ist die Seite x nutzungsfreundlich gestaltet?". Ein guter Usability-Dienstleister wird Ihnen einen **Kick-Off-Workshop** anbieten, in dem die Fragestellungen und Testbereiche des Angebots gemeinsam definiert werden.

5.9.2 SYNCHRONER REMOTE-USABILITY-TEST

Methodischer Ansatz: Qualitativ

Methodenbeschreibung: Der synchrone Remote-Usability-Test läuft wie ein klassischer Labortest ab (freie und szenariobasierte Nutzung, Protokolle lauten Denkens etc.). Einziger Unterschied: Der Nutzer nimmt vom heimischen PC aus am Test teil und kommuniziert per Webcam und Mikrofon mit dem Testleiter. Mithilfe eines Online-Meeting-Tools und einer Webkamera ist es möglich, die Bildschirmaktivitäten der Testperson zu verfolgen und mit dem Probanden während des Tests zu kommunizieren. Die spontanen Kommentare, die Gestik und Mimik sowie Handlungen auf dem Webangebot werden mitprotokolliert und rechnergestützt aufgenommen.

Genauso wie beim klassischen Usability-Test können Performanzwerte auf Basis von Mausbewegungen und Klickhandlungen sowie Click-streamanalysen durchgeführt werden. Eine Ergänzung um apparative Methoden wie Eyetracking ist jedoch nicht möglich.

Stärke der Methode / Einsatzzeitpunkt: Der synchrone Remote-Usability-Test ermöglicht eine **ortsungebundene Überprüfung** des Webangebots und kann deshalb auch mit Nutzergruppen durchgeführt werden, die ansonsten nur schwer oder gar nicht an einem Ort rekrutierbar sind, z.b. beim Test eines Intranets mit Mitarbeitern aus verschiedenen Unternehmensstandorten. Dieser Testansatz ist auch dann besonders sinnvoll, wenn im Test der **reale Nutzungskontext** gut abgebildet werden soll. Zum Einsatzzeitpunkt vgl. Kapitel 5.9.1.
Das sollten Sie beachten: Vgl. Kapitel 5.9.1.

5.9.3 ASYNCHRONER REMOTE-USABILITY-TEST

Methodischer Ansatz: Quantitativ und qualitativ

Methodenbeschreibung: Beim asynchronen Remote-Usability-Test nutzt der Proband das Webangebot oder den Prototypen vom heimischen PC oder Arbeitsplatz aus. Genauso wie beim klassischen Usability-Test erhalten die Testpersonen Aufgaben, die sie auf dem Angebot lösen sollen. Dabei werden das Klickverhalten und die Navigationspfade automatisiert erfasst und später als **Clickstreams mit Screenshots** visualisiert. Während der Nutzung werden zu bestimmten Zeitpunkten und/oder an bestimmten Stellen des Webangebots Online-Befragungen durchgeführt. So können z.b. bei der Nutzung der Produktsuche Fragen zur Zufriedenheit mit der Trefferqualität eingeblendet werden. Des Weiteren haben die Teilnehmer die Möglichkeit, während der Angebotsnutzung freie Kommentare abzugeben. Auf diese Weise werden die Verhaltensdaten **mit Meinungen und Urteilen angereichert** und besser interpretierbar. Die Rekrutierung der Teilnehmer erfolgt über ein Online-Panel, Kunden-E-Mail-Listen oder direkt auf dem Live-Angebot über einen Layer.

Stärke der Methode / Einsatzzeitpunkt: Mit asynchronen Remote-Usability-Tests können Webangebote mit bis zu 500 Probanden getestet werden, und sie sind eine **gute Ergänzung** zum klassischen Usability-Test im Labor. Ebenso wie die synchrone Variante ist dieser Test ortsunabhängig und kann auch mit schwer erreichbaren Zielgruppen durchgeführt werden. Werden die Teilnehmer direkt auf dem Angebot rekrutiert, nehmen „echte" Nutzer des Angebots am Test teil bzw. können bei ihrer natürlichen Interaktion mit dem Webangebot beobachtet werden.

Der Testansatz ist besonders zur kontinuierlichen Prozessanalyse und Identifikation kritischer Ereignisse auf dem Live-Angebot (**Betriebsphase**) geeignet. Aber auch in der **Umsetzungsphase** kann ein asynchroner Remote-Usability-Test als finaler „Freigabetest" mit einer großen Stichprobe durchgeführt werden.

Das sollten Sie beachten: Die Dauer der Datenerhebung ist abhängig vom gewünschten Stichprobenumfang und der Rekrutierungsweise. Werden die Teilnehmer live auf das Angebot rekrutiert, dann variiert die Studiendauer je nach Abrufzahlen der Website. Bei einer Rekrutierung der Teilnehmer über ein Online-Panel ist die Studiendauer besser kalkulierbar und liegt bei ca. zwei Wochen.

5.10 EYETRACKING

Methodischer Ansatz: Quantitativ

Methodenbeschreibung: In einer Eyetracking-Sitzung werden Augenbewegungen (Fixationen/Sakkaden), Blickverläufe, aber auch Mausbewegungen und Klicks rechnergestützt erfasst. Die modernen Eyetracking-Geräte erfassen **mittels Infrarottechnik** berührungslos alle relevanten Daten. Die kleinen Kameras sind entweder unterhalb oder direkt im Monitor eingebaut und somit unauffällig.

Stärke der Methode / Einsatzzeitpunkt: Eyetracking ist die zuverlässigste Methode, um sowohl die Reihenfolge als auch die Betrachtungsintensität von Elementen einer Benutzeroberfläche zu erfassen. Die objektiven Daten erlauben Rückschlüsse auch auf unbewusste Wahrnehmungs- und Informationsverarbeitungsprozesse der Nutzer.

Insbesondere wenn die Methode mit Verhaltens- und qualitativen Befragungsdaten kombiniert wird, können Erkenntnisse zur Optimierung des Interface gewonnen werden.

Die Blickregistrierung wird häufig mit Usability-Tests im Labor kombiniert (vgl. Kapitel 5.9.1) und deshalb häufig in der **Umsetzungsphase** eingesetzt.
Hinweis: Zur Erfassung des Informationsaufnahmeverhaltens gibt es alternative Methoden, wie z.B. das Attention-Tracking oder Site-Covering. **Attention-Tracking** beruht auf der Annahme, dass eine hohe Korrespondenz zwischen dem Blick und anderen zielgerichteten Bewegungen, wie Zeige- oder Greifbewegungen, gegeben ist (vgl. Scheier/Egner 2005). Bei dieser Methode werden die Testpersonen aufgefordert, mit einer Frequenz von einem Klick pro Sekunde diejenigen Elemente auf der Bildvorlage anzukli-

cken, die sie gerade betrachten. Bei der **Site-Covering-Methode** wird das Webangebot in Flächen (sog. Areas of Interest) eingeteilt und mit virtuellen, leicht transparenten Kärtchen verdeckt. Die Transparenz der Kärtchen soll es der Testperson ermöglichen, die dahinter liegenden Inhalte bzw. Seitenelemente (Logo, Navigation, Werbung, Bilder, Animationen, Text) schemenhaft zu erkennen. Durch einen Mausklick können die Testpersonen die Kärtchen ausblenden und so den Inhalt des Feldes freilegen. Beim Anklicken einer anderen Fläche wird die zuvor geöffnete Fläche wieder verdeckt. Die Testperson wird instruiert, die Kärtchen, deren Inhalt sie anschaut, aufzudecken. Beide Methoden können das Informationsaufnahmeverhalten jedoch nicht so umfassend erfassen wie die Blickregistrierung. Der interessierte Leser sei verwiesen auf Yom/Wilhelm/Gauert 2007.

Das sollten Sie beachten: Eyetracking-Systeme müssen für jede Testperson **individuell eingestellt** werden (sog. Kalibrierung). Kalibrierung, Umgang mit dem System während der Datenerhebung und Interpretation der Daten erfordern viel Erfahrung und Knowhow. Fragen Sie also beim Dienstleister nach, seit wann und wie viele Eyetracking-Studien er durchführt. Auch die Analyse von dynamischen Flash-, AJAX-Elementen oder Videos ist nicht immer möglich. Eyetracking-Studien werden in der Praxis mit **zehn bis 15 Testpersonen** durchgeführt.

5.11 WEB-ANALYTICS/WEB-CONTROLLING

Methodischer Ansatz: Quantitativ

Methodenbeschreibung: Bei Web-Analytics (auch Web-Controlling) geht es um die **rechnergestützte Messung und Analyse des Klickverhaltens** auf dem Webangebot. Die ursprüngliche Analyse von Server-Logfiles ist heute durch eine client-basierte Datenanalyse abgelöst worden. In den Quellcode des Webangebots werden eine unsichtbare, kleine Grafik und/oder ein Javascript-Tag eingebunden, die nicht zwischengespeichert werden können. Jeder Abruf dieser Grafik / des Tags steht deshalb genau für einen Seitenabruf. Wird eine Analytics-Lösung von einem Anwendungsdienstleister (sog. Application-Service-Provider- oder ASP-Lösung) genutzt, dann übernimmt der ASP-Dienstleister sowohl die Auslieferung der Grafik / des Tags, als auch die Sammlung, Speicherung und Analyse der Verhaltensdaten des Webangebots (eine umfangreiche Übersicht von kommerziellen Lösungen findet man unter http://www.idealobserver.de/web-analytics-tools/).

Stärke der Methode / Einsatzzeitpunkt: Die Reports geben Auskunft darüber, woher die Nutzer kommen, welche Bereiche der Website häufig aufgerufen werden, an welchen Stellen die Nutzung abgebrochen wird u.v.m. Die Analyse von typischen Klickpfaden und Ausstiegsseiten können **Hinweise auf Schwachstellen** des Webangebots geben. Es wird das reale Nutzungsverhalten der Besucher unbemerkt und voll automatisiert registriert. Web-Analytic-Lösungen dienen vor allem der kontinuierlichen Qualitätssicherung **während des Live-Betriebs**. In der **Analysephase** können sie Hinweise geben, welche Angebotsbereiche Schwachstellen aufweisen und besonders intensiv geprüft und überarbeitet werden sollten.

Das sollten Sie beachten: Die sinnvolle Interpretation des Zahlenmaterials, das sich auf rein statistische Auswertungen auf aggregiertem Niveau beschränkt (z.B. durchschnittliche Klickzahl auf den Link xy in den letzten sieben Tagen), ist nicht trivial. Denn es liegen keine Informationen zur Motivation und Intention der Benutzer vor, sodass die **Gründe für bestimmte Verhaltensweisen** häufig im Dunkeln bleiben. Hilfreich für eine Interpretation der Analytics-Daten können neuartige Online-Dienste wie m-pathy sein, das eine Aufzeichnung des Nutzungsverhaltens erlaubt und die Interaktion einzelner Besucher als Klickpfadvideos inklusive Mausbewegungen zeigt. Auch die Kombination mit einer expertenbasierten Evaluation kann die Interpretation des Web-Analytic-Datenmaterials erleichtern.

→ Mehr Informationen zum Thema: Reese, F.: Web Analytics – Damit aus Traffic Umsatz wird. Die besten Tools und Strategien, Businessvillage, Göttingen 2008.

5.12 MULTIVARIATE TESTS

Methodischer Ansatz: Quantitativ

Methodenbeschreibung: Bei multivariaten Tests handelt es sich um ein- oder mehrfaktorielle experimentelle Untersuchungsdesigns. Bei einem **einfaktoriellen Design** (sog. A/B-Test) wird nur ein Faktor (z.B. Farbe des Bestellbuttons) in verschiedenen Ausprägungsstufen (rot/grün) variiert. Die Einblendung der Varianten auf der Live-Website erfolgt zufällig. Es wird dann überprüft, welche Wirkung die Gestaltungsvarianten auf verschiedene Zielgrößen (z.B. Conversion-Rate) hat. Werden mehrere Faktoren in einer größeren Anzahl von Ausprägungsstufen variiert (multivariater Test), so ergibt sich sehr schnell eine größere Anzahl an Gestaltungsvarianten (in unserem Beispiel unten sind es bei nur drei Faktoren bereits zwölf Varianten).

Bei der **praktischen Umsetzung** multivariater Tests kann auf die Hilfe diverser Dienstleister (Maxymiser, Memetrics u.a.) zurückgegriffen werden, sodass sich der technische Aufwand beim Website-Betreiber auf die Einbindung eines kleinen Java-Script-Codes beschränkt. Darüber hinaus gibt es mit Google Website Optimizer auch ein kostenloses Tool zur Durchführung multivariater Tests.

Ein exemplarisches **dreifaktorielles Design** ist in der folgenden Tabelle dargestellt:

FAKTOR 1 Bestellbutton	Rot						Grün					
FAKTOR 2 Versandkosten	Textinfo		Link		Pop-up		Textinfo		Link		Pop-up	
FAKTOR 3 Gesamtpreis	Groß	Klein	Groß	Klein	Groß	Klein	Groß	Klein	Groß	Klein	Groß	Klein

Stärke der Methode / Einsatzzeitpunkt: Aufgrund des experimentellen Designs sind Veränderungen der Zielgrößen **statistisch eindeutig und kausal** auf einzelne gestalterische Maßnahmen zurückzuführen. Die Tests zeigen die direkte Wirkung von Gestaltungsveränderungen auf betriebswirtschaftliche Kennziffern (Umsatz, Conversion-Rate, Anzahl der Bestellungen etc.).

Multivariate Tests werden **während des Live-Betriebs** eingesetzt. Sie können aber auch sehr gut **am Ende der Umsetzungsphase** als finale Testreihe durchgeführt werden, um z.B. Gestaltungsempfehlungen aus einem qualitativen Usability-Test nochmals statistisch und an einer großen Stichprobe abzusichern.

Das sollten Sie beachten: Die Gestaltung der Varianten sollte hypothesengeleitet erfolgen, entweder als ungerichtete Hypothese „Die Farbe des Bestellbuttons hat einen Einfluss auf die Conversion-Rate" oder noch besser, da konkreter, als gerichtete Hypothese „Ein roter Bestellbutton hat eine höhere Conversion-Rate als ein grüner Bestellbutton". Auf diese Weise kann eine sinnvolle Vorauswahl von Gestaltungsideen vorgenommen werden. Ein Try-and-Error ist nicht zu empfehlen.

Denken Sie daran: Sie testen im Live-Betrieb und eine unbedachte, „schlechte" Gestaltungsvariante kann über ein Absacken der Conversion-Rate schnell teuer werden.

Des Weiteren bedarf es für multivariate Tests einer gewissen Anzahl an Seitenabrufen und Besuchern, da es ansonsten sehr lange dauern kann, bis die Fallzahl für statistisch sinnvolle Analysen erreicht wird.

5.13 ZUSAMMENFASSUNG

Beim User Centered Design (UCD) wird die **Sichtweise des Nutzers** systematisch ab den frühen Entwicklungsphasen durch verschiedene **empirische Erhebungsmethoden** erfasst. Jedes Web-Projekt lässt sich in vier Phasen unterteilen: Analyse, Konzeption, Umsetzung, Betrieb.

UCD kann durch die gezielte Auswahl der Studien (z.B. Onsite-Befragung, expertenbasierte Verfahren sowie Omnibus-Tests) auch mit **kleinem Budget** durchgeführt werden.

Um den Aussagegehalt von Studienergebnissen einschätzen zu können, muss zwischen **qualitativen und quantitativen Daten** unterschieden werden. Bei quantitativen Ansätzen wird die Realität in numerischen Messwerten abgebildet und diese statistisch verarbeitet, um repräsentative Aussagen zu erhalten. Qualitative Erhebungsmethoden erfassen die Realität mittels verbaler Daten. Es geht nicht um statistische Repräsentativität, sondern um eine **interpretative Beschreibung** der Beobachtungsrealität und **Identifikation** kausaler Zusammenhänge.

Bei **Expert Reviews** bzw. der **heuristischen Evaluation:** Das Angebot wird anhand von Heuristiken, Guidelines und/oder Checklisten durch Usability-Experten begutachtet. Die Methode ist eine **zeiteffiziente und kostengünstige** Alternative zu empirischen Studien.
→ Bevorzugter Einsatz: Analysephase.

Bei der **Wettbewerbsanalyse** werden Konkurrenz-Websites von Experten oder Nutzern bewertet und mit dem eigenen Angebot auf verschiedenen Dimensionen wie Usability, Utility, Joy of Use, Design etc. verglichen.
→ Bevorzugter Einsatz: Konzeptionsphase.

Befragungen können als Onsite-Befragung (Rekrutierung der Teilnehmer auf dem Live-Angebot) oder über ein Online-Access-Panel durchgeführt werden. Bei **Nutzerstrukturanalysen** werden Besucher eines Webangebots online vor, während oder nach der Nutzung (sog. Onsite-Befragung) zu soziodemografischen Merkmalen, Interessen und Meinungen, Nutzungsintention, Anforderungen und Erwartungen etc. befragt. Die Daten der Onsite-Befragung können dazu genutzt werden, Personas (archetypische Nutzer eines Webangebots) zu bilden.
→ Bevorzugter Einsatz: Analysephase.

Zielgruppenbefragungen zum Beispiel von Konkurrenzkunden oder Benchmarking-Analysen können gut über Online-Access-Panels durchgeführt werden. Internetnutzer registrieren sich beim Panel-Anbieter und erklären sich bereit, an Befragungen und (Online-)Tests teilzunehmen.
➜ Bevorzugter Einsatz: Analysephase.

Die Anforderungen der Nutzer an das Webangebot mittels Onsite- oder Panelbefragung können über das **Kano-Modell** erfasst werden. Ermittelt werden Basis-, Leistungs-, Begeisterungsfaktoren sowie indifferente und Reverse-Faktoren.
➜ Bevorzugter Einsatz: Analysephase.

Fokusgruppen können online oder im Labor durchgeführt werden. Sie erlauben es, auf ökonomische Weise eine große Bandbreite an Meinungen, Einstellungen und Reaktionen auf das Webangebot / Konzepte zu erheben. Bei **Online-Fokusgruppen** treffen sich die Teilnehmer mit einem Moderator in einem virtuellen Diskussionsraum, in dem zu vorgegebenen Themen synchron und textbasiert miteinander kommuniziert wird.
➜ Bevorzugter Einsatz: Konzeptionsphase.

Beim **Paper-Prototyping** werden die zentralen Website-Elemente (z.B. Navigationselemente, Texte, Bilder) auf Papier aufgezeichnet, ausgeschnitten und auf einem Papier, das die Website darstellt, wieder angeordnet. In diesem Test „nutzt" die Testperson den Papier-Prototyp, als sei er das reale Webangebot, spricht seine Gedanken dabei laut aus und zeigt auf die Elemente, die er anklicken würde. Auf diese Weise ist das Testen von ersten Konzepten auch ohne Programmieraufwand möglich.
➜ Bevorzugter Einsatz: Konzeptionsphase.

Bei **Online-Designtests** bewerten die Teilnehmer (i.d.R. aus einem Online-Panel) per standardisiertem Online-Fragebogen Designvarianten eines Webangebots auf verschiedensten Dimensionen (z.B. Attraktivität, Übersichtlichkeit etc.).
➜ Bevorzugter Einsatz: Konzeptionsphase.

Beim **Card-Sorting** sortieren die Testpersonen die auf Karten geschriebenen Inhalte eines Webangebots zu Gruppen, sodass die Anzahl der Hauptrubriken, deren Benennung sowie die Zuordnung der Inhalte zu den Rubriken aus Nutzersicht erfasst werden kann (Informationsarchitektur).
➜ Bevorzugter Einsatz: Konzeptionsphase.

Neben dem **klassischen Usability-Test** im Labor gibt es den asynchronen und synchronen Remote-Usability-Test. Bei einem **Usability-Test im Labor** werden Probanden in das Teststudio eingeladen und nutzen dort das Webangebot mit und ohne Vorgabe konkreter Aufgabenstellungen, wie z. B. die Durchführung einer Bestellung (szenariobasierte Nutzung). Protokolle lauten Denkens, Handlungen sowie Einzelinterviews werden video- und/oder rechnergestützt dokumentiert und ausgewertet. Zusätzlich können Eyetracking- und Clickstreamanalysen durchgeführt werden. Der **synchrone Remote-Usability-Test** läuft wie ein klassischer Labortest ab, mit dem einzigen Unterschied, dass der Nutzer vom heimischen PC aus am Test teilnimmt und per Webcam und Mikrofon mit dem Testleiter kommuniziert.

➡ Bevorzugter Einsatz: Umsetzungsphase, aber auch Analysephase und Live-Betrieb.

Beim **asynchronen Remote-Usability-Test** nutzt der Proband das Webangebot oder den Prototypen frei und szenariobasiert vom heimischen PC aus. Klickverhalten und Navigationspfade werden automatisiert erfasst und später als Clickstreams mit Screenshots visualisiert. Diese Verhaltensbeobachtung im Feld wird durch Online-Befragungen zu bestimmten Zeitpunkten und/oder an bestimmten Stellen des Webangebots ergänzt. Während der Nutzung können die Teilnehmer freie Kommentare abgeben. Diese Art des Usability-Tests ermöglicht eine Durchführung mit einer **großen Anzahl an Testpersonen.**

➡ Bevorzugter Einsatz: Umsetzungsphase und Live-Betrieb.

Beim **Eyetracking** werden Augenbewegungen (Fixationen/Sakkaden), Blickverläufe, aber auch Mausbewegungen und Klicks mittels berührungsloser Infrarotkameras erfasst. Die Daten erlauben Rückschlüsse auch auf unbewusste Wahrnehmungs- und Informationsverarbeitungsprozesse.

➡ Bevorzugter Einsatz: Umsetzungsphase.

Beim **Web-Analytics/Web-Controlling** wird das Klickverhalten auf dem Live-Angebot rechnergestützt erfasst und analysiert. Die Reports geben auf aggregiertem Niveau Auskunft über das reale Nutzungsverhalten des Webangebots. Die Analyse von typischen Klickpfaden und Ausstiegsseiten können Hinweise auf Schwachstellen des Webangebots geben.

➡ Bevorzugter Einsatz: Umsetzungsphase und Live-Betrieb.

Ein- oder mehrfaktorielle Online-Experimente werden bei **multivariaten Tests** durchgeführt, bei denen Gestaltungselemente systematisch variiert werden. Die so entstehenden Website-Varianten werden im Live-Betrieb zufällig Besuchern eingeblendet und die Wirkung der Gestaltungsvariation auf definierte Zielgrößen (z. B. Conversion-Rate) untersucht.

➜ Bevorzugter Einsatz: Umsetzungsphase und Live-Betrieb.

6 ZU GUTER LETZT: USABILITY-ERKENNTNISSE IM UNTERNEHMEN DURCHSETZEN

Recht haben und Recht bekommen sind zwei paar Schuhe und müssen nichts miteinander zu tun haben. Aus den Usability-Studien ergeben sich ganz eindeutige Gestaltungsmaßnahmen, aber das heißt noch lange nicht, dass diese auch tatsächlich umgesetzt werden. Woran kann User Centered Design in der Praxis scheitern?

1. MANGELNDE ÜBERZEUGUNGSKRAFT DER USABILITY-VERANTWORTLICHEN

Ein **frühzeitiges Projektmarketing** ist sehr wichtig, um Unterstützung im Management und Team zu erhalten. Präsentieren Sie also nicht erst die Ergebnisse, sondern binden Sie wichtige Stakeholder bereits in der Konzeption der Usability-Studien ein. Auch bei der Auswahl der Erhebungsmethode sollten Sie kommunikative Aspekte beachten: Sie diskutieren schon seit Monaten mit dem IT-Leiter über Gestaltungsveränderungen an dem Angebot, aber er will sich einfach nicht überzeugen lassen? Dann sollten Sie eher einen Usability-Test, statt einen Expert Review in Auftrag geben. Video-Mitschnitte aus dem Test mit Originaltönen der Zielgruppe können überzeugender als jedes Argument eines Experten sein.

2. MANGELNDE QUANTIFIZIERBARKEIT DES UCD-ERFOLGS

Was „bringen" UCD-Maßnahmen in Euro und Cent? Es gibt zwar globale Zahlen: Jacob Nielsen beziffert z. B. den ROI (Return on Investment) von UCD in 2008 auf 83 %; d.h., verwendet man zehn Prozent des Entwicklungsbudgets für Usability, dann kann ein Shop seine Conversion-Rate um durchschnittlich 83 % erhöhen. Jedoch ist die individuelle Messung des ROI nicht so einfach.

Bei informationsorientierten Websites kann die ökonomische Wirkung einer nutzungsfreundlichen Gestaltung ohnehin nur schwierig quantifiziert werden.

Aber auch bei Online-Shops kann eine Messung des Umsatzes vor und nach Realisierung der Verbesserungsmaßnahmen durch eine **Vielzahl von Störgrößen** verzerrt werden. Zu denken ist hier an zwischenzeitliche Veränderungen im Sortiment oder in der Preisgestaltung, saisonale Einflüsse (Winterschlussverkauf, Sommerferien etc.) sowie Promotion-Aktionen im Katalog oder Veränderungen des Wettbewerbsverhaltens etc.

3. SCHLECHTES PROJEKTMANAGEMENT

Häufig wird die Durchführung von Usability-Studien schlichtweg „vergessen" bzw. zu spät eingeplant. Die Ergebnisse können vor dem Launch nicht mehr umgesetzt werden bzw. auf notwendige Studien muss ganz verzichtet werden, weil die Projektzeiten nicht mehr ausreichen.

4. ZU VIELE ENTSCHEIDUNGSTRÄGER UND UNKLARE ENTSCHEIDUNGSPROZESSE

Aufbau- und ablauforganisatorisch muss eindeutig geklärt sein, wer für die Gestaltung des Angebots letztendlich verantwortlich ist. Denn es werden immer wieder divergierende Meinungen und Zielkonflikte auftreten.

Das Marketing möchte die Vorauswahl zum Abonnement des Newsletters gesetzt wissen, die Studienergebnisse zeigen aber, dass die Nutzer sich bevormundet fühlen. Oder ganz klassisch: Um die Startseite übersichtlicher zu gestalten, gibt es nur noch einen Teaser für Promotions; es gibt jedoch zehn Einkaufsleiter, die ihre Top-Seller auf der Startseite präsentieren wollen.

Es bedarf also einer **übergeordneten Entscheidungsinstanz,** die interne „Begehrlichkeiten" und Nutzerbedürfnisse abwägt und letztendlich die Entscheidung trifft (vgl. auch den Praktiker-Exkurs von Petra Jacob, S. 148).

PRAKTIKER-EXKURS:
USABILITY ERFOLGREICH IM UNTERNEHMEN
VERANKERN (PETRA JACOB, U-CONCEPT)

Der Begriff Usability hat sich in den letzten Jahren vor allem in Unternehmen etabliert, die interaktive Produkte herstellen oder Produkte und Dienstleistungen über interaktive Kanäle anbieten und verkaufen. Usability ist für diese Unternehmen kein Selbstzweck, sondern ein kritischer Erfolgsfaktor.

Diese Erkenntnis sollte in Unternehmen dazu führen, eine Infrastruktur mit Usability-Knowhow zu etablieren. Es reicht nicht aus, dass der hauseigene Usability-Experte am Ende von Entwicklungsprozessen eine abschließende Bewertung des Produkts erstellt. Um Usability gemäß ihrer Bedeutung im Unternehmen zu verankern, bedarf es eines beständigen Usability-Managements, das Usability-Strategien entwickelt und verfolgt. Auf diese Weise wird es möglich, Usability-Ziele auf übergeordnete unternehmerische Ziele auszurichten.

Darüber hinaus ist es notwendig, dass diese Ziele in der Organisation nachhaltig „gelebt" werden. Der Begriff Usability muss mehr sein als ein Begriff in den Strategiepapieren der Unternehmensführung.

Um Nutzer in Entwicklungsprozesse einbeziehen zu können, ist ausreichend fachlich qualifiziertes Personal und auf die interaktiven Produkte oder Kanäle des Unternehmens ausgerichtetes Methodenwissen erforderlich.

Problematisch ist noch immer die Ermittlung des ROI von Usability-Untersuchungen und -Maßnahmen, um die verwendeten Budgets zu rechtfertigen und weitere Maßnahmen an Management und Mitarbeiter „verkaufen" zu können.

Die Dokumentation der Produktentwicklung sowie die quantitativen Analysemethoden erlauben leider häufig keinen direkten Rückschluss auf den Erfolg oder Misserfolg einer Usability-Optimierung.

Selbst bei Unternehmen aus dem Bereich Web-Design und Software-Entwicklung kann laut einer internationalen Studie aus dem Frühjahr 2009 (vgl. Bublitz, Lindemann & Straub) noch nicht von einer organisatorischen Usability-Verankerung gesprochen werden. Weit weniger als die Hälfte der Unternehmen erfüllen Merkmale einer Usability-Verankerung:

- 29 % der Organisationen besitzen eine Usability Strategie (weltweit 19 %),
- 31 % berichten regelmäßig an das Management (weltweit 25 %),
- und nur neun Prozent berechnen den ROI von Usability-Maßnahmen (weltweit zehn Prozent).

Aus heutiger Sicht können drei Faktoren genannt werden, die eine Verankerung von Usability in Unternehmen fördern:

- Usability-Strategie: Das Management ist aufgefordert, eine Usability-Strategie zu entwickeln, diese in das Unternehmen zu tragen und konsequent zu vertreten.

- Messbarkeit der Ergebnisse: Bei der Durchführung von Usability-Maßnahmen ist darauf zu achten, dass das Ergebnis der Maßnahme (quantitativ) gemessen werden kann. Diese Ergebnisse sollten für die Kommunikation der Zielerreichung an das Management sowie für eine interne Usability-PR verwendet werden.

- Qualifiziertes Personal: Fachlich qualifiziertes Personal kann Usability-Maßnahmen effektiv und effizient durchführen. Ausbildung und Zertifizierung von Usability-Spezialisten tragen dazu bei.

Trotz dieser Widrigkeiten: Geben Sie nicht auf. Usability ist auf dem Vormarsch und das Bewusstsein über die Wichtigkeit nimmt zu – auch auf Top-Management-Ebene (zumindest weiß heute das eine oder andere Vorstandsmitglied, wie man Usability schreibt).

Und zu guter Letzt: Ich hoffe, Sie hatten ein wenig „Joy of Use" bei diesem kleinen Ausflug in die Welt der Usability.

LITERATUR UND ABBILDUNGEN

LITERATURVERZEICHNIS

- Alkan, S. R.: *1x1 für Online-Redakteure und Online-Texter*, Business Village, Göttingen 2006.
- Beschnitt, M.: *Entwicklung eines Usability Engineering Prozesses für Corporate-Websites*, Diplomarbeit an der Fakultät Elektrotechnik und Informationstechnik, TU Ilmenau 2008.
- Brand-Sassen, K.: *Bedeutung und Inhalt von Vorschlagsfunktionen*. In: eResult Forschungsbeitrag, 2009, online: http://www.eresult.de/studien_ artikel/forschungsbeitraege/ bedeutung_inhalt_vorschlagsfunktionen. html.
- Bublitz, A., Lindemann, K., Straub, K.: *Usability Reifegrad in Deutschland im weltweiten Vergleich*, in: Proceedings of the German UPA / Mensch und Computer Conference, Berlin 2009.
- Conklin, J. (1987). *Hypertext: An Introduction to a Survey*, in: IEEE Computer, Vol. 20, No. 9, pp. 17–41
- Dyson, M. C., Haselgrove, M.: *The Influence of Reading Speed and Line Length on the Effectiveness of Reading from Screen*, in: International Journal of Human-Computer Studies, 2001, Vol. 54, pp. 585-612.
- Egger, F.N.: *Affective Design of eCommerce User Interfaces. How to Maximise Perceived Trustworthiness*, in: M. Helander, H. M. Khalid & E. Tham (Eds.). Proceedings of the International Conference on Affective Human Factors Design, Singapore June 27–29, London 2001: Asian Academic Press, pp. 317-324.
- Fischer, M: *Website Boosting 2.0*, Mitp-Verlag 2008.
- Fogg, B. J., Marshall, J., Laraki, O., Osipovich, A., Varma, C., Fang, N., Paul, J., Rangnekar, A., Shon, J., Swani, P., Treinen, M.: *What Makes Web Sites Credible? A Report on a Large Quantitative Study*, in: Conference on Human Factors and Computing Systems, 2001, Vol. 3, No. 1, pp. 61–68.
- Hellbusch, J.: *Barrierefreies Webdesign*, dpunkt 2005.
- Johnson, E., Moe, W., Fader, P., Bellman, S., Lohse, J.: *Modeling the Depth and Dynamics of Online Search Behavior*, Paper presented at the 2000 INFORMS Marketing Science Conference, The Anderson School, UCLA 2000.

■ Jüngel, B.: *Wie lang sollten Startseiten von Online-Shops sein?* In: eResult Forschungsbeiträge, 2009, Online: http://www.eresult.de/studien_artikel/forschungsbeitraege/ optimale_seitenlaenge_online-shops.html.

■ Krabichler, T., Wittmann, G., Stahl, E., Breitschaft, M.: *Erfolgsfaktor Payment – Der Einfluss der Zahlungsverfahren auf Ihren Umsatz*, Regensburg 2008. Auch online erhältlich unter: http://www.ecommerce-leitfaden.de/studien.

■ Kraus, C.: *Nur wer findet, kann auch kaufen.* In: Schwarz, T. (Hrsg.): Leitfaden Online-Marketing, Marketing-Börse GmbH, Waghäusel 2008, S. 221–225.

■ Lamnek, S.: *Gruppendiskussion: Theorie und Praxis.* Psychologie Verlags Union, Weinheim 1998.

■ Ludewig, E.: *Produktvideos sinnvoll einsetzen.* In: eResult Forschungsbeiträge, 2009. Online: http://www.eresult.de/studien_artikel/forschungs beitraege/produktvideos.html.

■ Nielsen, J.: *Designing Web Usability*, New Riders Publications, Indianapolis 2000.

■ Nielsen, J.: *Usability ROI Declining*, But Still Strong, 2008. Online: http://www.useit.com/alertbox/roi.html.

■ Päßler, N.: *Conversion-Rate-Erhöhung durch Produktvideos – Baur.de liefert den Beweis*, 2009. Online: http://www.usabilityblog.de/2009/09/conversion-rate-erhohung-durch-produktvideos-baurde-liefert-den-beweis/.

■ Reese, F.: *Web Analytics – Damit aus Traffic Umsatz wird. Die besten Tools und Strategien*, Businessvillage, Göttingen 2008.

■ Rehmann, C.: *Formulargestaltung bei der Abfrage von persönlichen Daten – Machen Sie es richtig?* In: eResult Forschungsbeiträge, 2008. Online: http://www.eresult.de/studien_artikel/forschungsbeitraege/formular gestaltung_persoenliche_daten.html.

■ Sarodnick, F., Brau, H.: *Methoden der Usability Evaluation: Wissenschaftliche Grundlagen und praktische Anwendung*, Huber Verlag, Bern 2006.

■ Scheier, C., Egner, S.: *Beobachten statt Fragen! Internet-gestützte Verhaltensmessung mit Tracking.* In: Planung & Analyse, 1/2005. Online: http://www.mediaanalyzer.com/know-how/studien/ MA_Artikel_PA_AT_ BeobachtenStattFragen_0501_original.pdf.

■ Stoessel, S.: *Methoden des Testings im Usability Engineering.* In: M. Beier., V. von Gizycki (Hrsg.): Usability – Nutzerfreundliches Webdesign, Springer Verlag, Berlin 2002, S. 61–74.

- *Typologie der Wünsche: „Nutzen Sie das Internet, um Produkt/Dienstleistungsangebot oder Werbeinformationen zu erhalten?* URL: http://de.statista.com/statistik/diagramm/studie/31294/umfrage/online-nutzung-zur-recherche-von-produktangeboten/.
- Wilhelm, T.: *Imagery-Studie II – Nutzergerechte Gestaltung von Homepages*, 2005. Online: http://www.eresult.de/studien_artikel/studienbaende/studie14.html.
- Wilhelm, T.: *Wording-Studie 3.0 – Verständnisprobleme: Wichtige Web 2.0 und E-Commerce Begriffe sind Nutzern immer noch unklar!*, eResult Studie, Göttingen 2008.
- Wilhelm, T.: *eResult Studie zu Gütesiegeln auf Online-Shops. Gütesiegel finden Beachtung und können die Conversion Rate erhöhen.* In: Forschungsbeiträge eResult 2009. Online: http://www.eresult.de/studien_artikel/forschungsbeitraege/guetesiegel.html.
- Yom, M.: *Web Usability von Online-Shops*, better solutions Verlag, Göttingen 2003.
- Yom, M., Fehrle, D.: *Wording-Studie 2005 – Nutzungsfreundliche Bezeichnung von Navigationselementen im Internet!* Online: http://www.eresult.de/studien_artikel/studienbaende/wordingstudie_2005.html
- Yom, M., Wilhelm, T., Gauert, S.: Protokolle lauten Denkens und Site Covering – Eine Erweiterung der Methode zur detaillierten Bewertung des Screendesigns von Webangeboten. In: R. Buber, H. Holzmüller (Hrsg.): Qualitative Marktforschung, 2007.

ABBILDUNGSVERZEICHNIS

STICHWORTVERZEICHNIS